Richard Hofmeister

Sprachliche Untersuchung der Reime Bernart's von

Ventadorn

Richard Hofmeister

Sprachliche Untersuchung der Reime Bernart's von Ventadorn

ISBN/EAN: 9783337177812

Hergestellt in Europa, USA, Kanada, Australien, Japan

Cover: Foto ©Thomas Meinert / pixelio.de

Weitere Bücher finden Sie auf **www.hansebooks.com**

Herrn

Professor Dr. E. Stengel,

seinem verehrten Lehrer,

in Dankbarkeit

gewidmet.

Raymon Feraut, Verfasser der »Vida de St. Honorat«
sagt:

> *Per que prec per l'Omnipotent Que per enveia nulla
> jent Non mi corrompa mos bels ditz C'am tan gran
> trabayll ay escritz«* (éd. Sardou S. 208)

und in ähnlicher Weise:

> *Non mo tengan a mal Car ma lenga non es Del drech
> proensales Si li play si o prengna Si non non men reprengna
> Ni corrompa mons ditz Cant los auray escritz* (éd. Sardou
> S. 3).

Dass die Werke der Dichter thatsächlich willkürlichen
Aenderungen von Seiten der Copisten Preis gegeben waren,
davon legt auch Bernart Amoros im Eingange der Liederhs.
a Zeugnis ab, wenn er sagt: *»E si ai mout emendat d'aqo
q'ieu trobei en l'issemple. Don ieu o tiein e bon e dreig segon
lo dreig lengatge.*

Somit kann uns ein noch so vollständiger Handschriften-
apparat bezüglich Feststellung der Sprachformen provenzalischer
Dichter keine sichere Gewähr leisten. Wir sind daher genöthigt,
bei sprachlichen Untersuchungen über provenzalische Literatur-
werke uns nach Kriterien umzusehen, durch welche wir ihre
Ueberlieferung genau controliren können. Glücklicher Weise
bieten uns hierfür die Metra und besonders die Reime ein
ausreichendes Mittel. In nachstehender Arbeit beabsichtige ich
nun die Sprache des hervorragendsten Minnesängers, die Bernart's

1

von Ventadorn unter ausschliesslicher Berücksichtigung der von den Reimen gebotenen Thatsachen zu behandeln. Neben einem kleinen Beitrag zur provenzalischen Grammatik hoffe ich damit zugleich eine nicht unwillkommene Vorarbeit für eine kritische Herstellung der Werke unseres Dichters liefern zu können.

Bezüglich der Anlage der Arbeit bemerke ich, dass ich es für zweckwässig hielt, zuerst ein vollständiges, übersichtlich geordnetes Rimarium zu geben. Zu den in demselben alphabetisch geordneten provenzalischen Reimsilben führe ich die entsprechenden lateinischen Endungen an und füge den letzteren die zugehörigen provenzalischen Worte bei. Nur in einzelnen Fällen, in denen mir die Aufzählung der provenzalischen Worte unnöthig erschien, beschränke ich mich auf Angabe der bezüglichen Stellen.

Auf Grund des Rimariums verfolge ich dann die Schicksale der lateinischen Laute und zwar behandle ich die Vocale in alphabetischer Ordnung, die Consonanten in der Reihenfolge »Dentale, Labiale, Gutturale, Liquide und s.« Die dem Lateinischen am nächsten kommenden Laute stelle ich voran und lasse die übrigen je nach Massgabe ihrer Entfernung vom ursprünglichen Laute folgen. Innerhalb der einzelnen Lautgruppen ordne ich zunächst nach den Quantitätsverhältnissen (bei den Vocalen), sodann nach der jedesmaligen Stellung der einzelnen Laute (bei Vocalen und Consonanten). Bei den einzelnen Bindungen stelle ich die den angegebenen Wandel beweisendsten Fälle voran und führe zuletzt diejenigen an, in denen ein Laut mit sich selbst reimt. Die gleichartig beweisenden Fälle ordne ich nach den dem fraglichen Laute voraufgehenden oder folgenden Lauten und zwar folge ich hier der oben von mir angegebenen Reihenfolge.

Im letzten Theile gebe ich die Flexionslehre unseres Dichters, führe darin aber nur die Fälle auf, welche lautlich nicht zu erklären sind.

Ueber die Benutzung der Handschriften bemerke ich, dass ich im Allgemeinen Hs. I zu Grunde legte. Bei fehlerhafter Lesart derselben oder in Fällen, wo uns die Lesart von Hs. I nicht überkommen, folgte ich der nächst bessern Handschrift. Die Abweichungen von der zu Grunde gelegten Handschrift kennzeichnen sich genügend durch Beifügung des Siegels. Die Gedichte 3, 5, 11, 14, 18, 20, 24, 34, 37, 40 fehlen überhaupt in Hs. I; desshalb wurden für sie folgende Handschriften von mir zu Grunde gelegt. A: 37, C: 3, 11, 18, 24, 40, L: 14, V: 5, 20, 34. Hierbei unterblieb die besondere Angabe des Siegels.

Es bleibt mir nun noch die angenehme Pflicht zu erfüllen, Herrn Professor Stengel meinen tiefgefühlten Dank auszusprechen einmal für die Unterstützung, welche er mir bei Anfertigung der Arbeit stets gewährte, sodann auch für die bereitwillige Ueberlassung der Handschriften der Lieder unseres Dichters, sowie des von ihm zusammengestellten Rimariums der provenzalischen Lyrik.

Rimarium¹⁾

ada 30.
-ata, *part. prt.* 30,47,48,57.
-atam, *part. prt.* 30,54,58.
-atat, agrada30,55.

ag K *(aich*AF; *ai,aig.)* 8.
-acitum, *subst.* plag [*s.* plai] 8,3.
-actum, *subst.* maltrag 8,18; *adv.*
atrasag 8,35; *part. prt.* atrag 8,26,
34. fag8,2. forfug8,27. frug8,42
(-acitum, *subst.* plag C); *neutr. n.*
retrag8,10.
-*agum, esmag8,19 K (-*ahtum, agag).
-*ahtum, agag [*ahd.* wahtên] 8,43.
-*ajde, *adv.* lag8,11.
ai (ay 10R⁸) 7.10.16.17.18.25.27.
33.36.37.43.
-abeo, *prs.* 7,27. 16,30. 17,25(-agis,
adv. jamai L, mai V). 18,16. 25,74,
VII10A. 27,19. 33,8. 36,17(-apio,
sai M). 37,59. 43,50; *fut.* 10,7,14 K,
21, VIII4C. 17,9,17,19,49. 18,20,
24,26. 33,15,36. 36,2,46,49. 37,62.
43,12,26,28,44,52.
-ao, lai17,3. 18,30. 25VII4A, 36,18.
37,54. sai 25,76, VII12A(-acet, play
R). 33,29. 36,43. 43,18.

-acet, jai 27,46. 36,50. 37,49. plai [*s.*
platz] 7,43. 37,56. 43,20.
-*aoi, savai7,19. 37,42.
-acit, fai16,22. 17,33. 18,12. 25VII6
A. 27,28. 33,1. 36,11. 37,52. 43,36.
-*acit, *st.* -ahit, atrai 18,3a. sostrai
18,23. trai36,41.
-acitum, *subst.* plai [*s.* plag] 10,42
(-agis, *adv.* mai G N Q a). 16,14.
17,27. 18,27. 25VII8A.
-aco, apai 7AV2. 18,6.
-*aco, *st.* -aho, retrai7,35. 37,44. 43,34
(-abeo, *fut.* recrerai G). trai7AV3.
25AVII2.
-*acum, savay18,9. veray18,10.
-ade, vai16,49.
-adii, rai7,2.
-adit, chai16,46. dechai7,18. 10III7C
(-adium, *subst.* esglai M, -*agum,
subst. esmai a). eschai7,42. 17,41
(-*acit, atray R). 18,13. 37,46. vai
10,35. 16,52. 17,43(-acit, fay RV).
18,2(-acet, jai a), 17,31. 27,10.
36,6(-at, estaiR), 37(-acet, plai AC-
DEFGMQa, -*agio, assai R)43,4.
-adium, rai43,2.

1) Der Normalform der Reimsilben füge ich in Klammern die anderweiten Schreibungen bei und setze, sobald eine Schreibung in einer Hs. principiell durchgeführt ist, das Siegel der betreffenden Hs. unmittelbar hinterher; sobald aber nur einzelne Gedichte einer Hs. principiell eine bestimmte Orthographie aufweisen, wurde die Gedicht-Nummer den Siegeln voraufgestellt.

5

-*agio, asai36,4(-apio, sai GRS).
-agis, ancmai43,42. jamai37,63. mai
18,19. 27,1. 36,8. 37,48. oimai 16,6.
17,35.
-*agit, brai36,39.
-agium, assai10,28.
-*ago, esmai7,3. 36,9.
-*agum, esmai 7,26(-adium, esglni AB-
DEGMQW)17,1.
-*ahium, gai7,11. 16,38. 18,5. 27,37.
33,22.
-ajum, mai7,10.
-apio, sai17,51. 27,55. 33V1R. 36,13.
43,10.
-asiet, bai7,34.
-asio, bai36,52.
-at [?], estai36,15(-adit, vai MRS).
-audium [?] jai37,58.

aja IKABDEFGLMOPQS *(aya, aie,
aige.)* 7.
-abeam, aja7,30.
-*aca, savaja7,22.
-*acam, *st.* -aham, maltraia 7V6A.
-acat, apaia 7V5A.
-*acat, *st.* -ahat, retraja7,38.
-aceat, plaja7,46.
-adiat, raja7,5.
-*adiat, dechaja7,21. eschaja7,45.
-*agat, esmaja 7,6,29(-*adiat, esglaia
ABDEGMOQW, -acat, apaiaR).
-*ahia, gaja7,14.
-*aja, maja7,13.
-asiat, baja7,37.

aire *(ayre)* 4. 12. 29.30.37.44.

-acere, *subst. inf.* afaire29,15(-*arium,
adv. gayre R). 44,61. *inf.* (s. far)
faire4,5. 12,32,45. 29,7,IX2A. 37,31.

-*acere, *st.* -ahere, atraire12,30.
estraire4,13. 29VI7,VIII3A. 37,40.
maltraire4,8. 37,33. retraire4,16.
12,37. 29,24. 37,25. 44,63. traire
29,23. 44,60.
-adrum, *Eigenname* Belcaire 12,42.
29VIII4A.
-aërem, aire44,50.
-*agrum, *(Rev. d. l. r.* 1879 II 180)
aire4,9. 12,35. 29,31. 37,35.
-*ariet, esclaire29,48. 37,37. 44,65.
-*arium, *subst. n.* veiaire4,1. 29,47.
IX1A(-*arium, *adv.* gaire S). 37,21.
44,67; *adv.* gaire [ahd. wâri] 4,11.
12,39. 29,39. 30,24. 37,23. 44,56.
-ator, amaire4,3. 29,8. 37,30. 44,54.
-*ator, blasmaire30,15. chantaire30,22.
trichaire29,16. 37,27.
-atrem, maire30,17.
-*atri, fraire29,40.
-atr(i)em, repaire29VI8A.
-atr(i)um, repaire44,52.
-atro, laire29,39.

ais 38.
-*acos, verais38,30.
-*ahius, gais38,10.
-axit, trais38,20.

al *(s. au)* 21. 28. 41.
-ale, atretal 28,45. 41,47,50. egal28,48
(-alem, cabal ABDT, egal R.).
-*ale, communal 28,47(-alem, egalAB-
DMT, cabal R).
-alem, *subst. m.* nadal 28,46. proenzal
21,58. reial 21,54. *adj: m.* criminal
28,40. emperial 21,55D*. leial 28,33.
natural 28,43. *f.* egal 41,23. mortal
28,38. 41,40. natural 41,15.

-*alem, Eigenname Bartal 21,56. *subst.*
m. fenestral28,44. jornal28,42. *adj.*
f. coral28,35. 41,39.
-alet, cal28,36. 41,31. val21,59. 28,41.
41,32.
-*all, *subst. m.* jornal41,7. *adj. m.*
leial41,16.
-*al(i)um, al28,37. 41,8,52C.
-alum, mal28,39. 41,48,49.
-alvet, sal41,24(-alet, cal OU),51C.
-*alvum, sal28,34.
alha CR (ailla V; ailha, alhia,
agla, alla)35.
-aleat, vailla35,18,44.
-*alla, trebailba35,46a.
-*aliam, batnilba85,6. devinailla85,42.
nuailla35,12. trebailla35,24.
-aliat, sailla35,30.
-*alliat, failla35,36.

ama 3,12.
-*ama, *adj.* gramal2,4(-amat, relama,
wohl für reclama R).
-amam, *subst.* lamal2,9.
-*amam, *subst.* rama3,31.
-amat, ama3,53. 12,2. clama12,7.
reclama3,20.
-*amat, enliama3,42. liamal2,14.
-amma, flama3,9.
-ammam, flama 3,64 (-*amat, afama
S). 12,11.

an 4.14.28.29.31.34.36.37.38.39.45.
-abent, volran37,26.
-*acunt, fan28,24. 34,47. 37,22. 39,36.
-amnum, dan14,25. 28,17. 29IV4A.
31,20. 34,7,38. 36,24 (-*annum,
afan C; ? massan M). 37,39. 39,28.
45,24.

-andem, *adj*: *m.* gram28,10. *f.*31,48.
34,31.
-*andet, an31,52.
-andit, espan38,1.
-*and(i)o, blan28,26. reblan39,10.
-ando, comman14,10. 36,33. 45,43,
deman4,58. 14,4. 28,31. 31,49.
39,12,20. man29,42. *Gerund.* 14,7.
28,23,27. 29,12,18,34,IV2A. 36,26.
38,4. 39II2C.
-andum, *Eigenname* Ferran 4,62A.
subst. m. coman 29,20 (-*antum,
talanCMV). 81,4(-*antem, scemblan
[2. Lesart] L, -*antum, talen st
talan O).
-anni, *adj.* truan36,57 (-ante, *adv.*
anan a).
-*anno [*oder* -*ano, *s.* Ztschr. f. r.
Ph. VI. 111] soan36,22.
-annum, an4,54. 28,28. 84,38.
-*annum,afan14,28. 28,20. 29,44. 31,32.
36,20. 37,38(-andem, *adj. m.* gran
OVa). 38,14. engan (*s. Ztschr. f. r.*
Ph. III 102) 14,19. 28,22. 29,10.
31,17C. 37,28. 39II4C, soan [s
-*anno, soan]14,22. 34,14. 45,22.
-ante,denan29,36. 31,36. desenan34,39.
enan36,27.
antem, *Eigenname* Aziman36,60. *subst.*
m. aman28,21. 36,29. enfan31,45.
-*antem, *subst. m.* destinan 38,11.
semblan4,55. 14,13. 28,30. 29,26.
31,29. 34,6. 36,35. 37,36. 39,18.
45,36. vertchan29,2. 39,2.
-*anti, *subst. m.* aman37,24. devinan
34,46. enfan28,25. 39,26. garan [*s.*
-*entus, guirenz] 38,21. *adj. m.*
estan39,44. trian31,83(-*antem, *subst.* semblan R).
-anto, chan29,4. 31,1. 45,1.

-antum, subst. chan 14,1. 39,4. adv.
aitan 45,15. atrestan87,29. can84,23.
tan 4,52,59. 28,19. 31,18. 84,22.
36,31K. 37,32. 39,54.
-*antum, Eigenname Tristan 4,63A.
subst. m. enan28,29. talan [s.-entum,
talen] 4,50. 14,16. 28,32. 29,28
(-antem, adj. m. melestan V). 31,16,
34,15. 36,36,59(-*andum, coman a,
-*annum, enjan S), 37,34. 38,24.
39,42. 45,8.

ana 22. 37.

-ana, crestiana37,57. bumana 22,30.
37,45. vana22,14(-*anam, vilanaA).
-*ana, subst. ufana [ahd. ubbâ od.
uppâ] 22,22. adj. aurana 22,37.
certana37,61. sobrana22,5. vilana
22,13,VIII1C. 87,41.
-anam, subst. setmana22,38. 37,53.
adj. crestiana37,64. humana22,45.
plana22,57. 37,55.
-*anam, Eigenname Viana22,58. adj.
certana22,46. 37,43. adv. sotzmana
37,47.
-anat, sana22,6.
-*anat, apana22,29. vana22,21. 37,60.
-*annat, afana22,53. 37,50. engana
[s.-annum, engan] 22,54. soana [s.
-*anno soan] 22VIII2C. 37,51.

anda 26.

-*andam, subst. comanda26,31. ganda
[goth. vandjan] 26,15. landa 26,1·
provianda26,24. adj. normanda26,38.
adv. a randa [ahd. rand] 26,36.
-andat, i. prs. demanda26,10. manda
26,29. cj. prs. espanda26,3.
-*andat, i. prs. garanda [ahd.warôn]
26,22. truanda26,17.
-*and(i)am reblanda26,8.

anha CERR* (ainha M,19Va, aigna BLPS, 25A, aingna 25: IK, agna G; aignha, angna, agnia) 19.25.

-anea, estraiagna19,20.
-aneam, romaingna19,32.
-*aneat, estraingna25,43.
-angam, plaingna25,87.
-angat, fraingna19,21. 25,45. plaingna
19,29. sofraigna19,24. 25,47.
-*angat, coutraingna19,26.
-*aniam, compaigna19,18,51,54. 25,39.
-*aniat, gazaigna [ahd. weidanjan]
19,28. 25,41.

ans s. anz.

ansa CMR, 1: 1KP, 25a, 44: IK
(anza F, 25: DGV, 44: DSV, 45:
DcG, ança 1: DcGQ, 44N, 45Q, ance
WX, ancha L; anssa, anzha) 1. 25.
44. 45.
-ancea, lansa 1,46.
-anceam, lansa45,28.
-*anceat, lansa25,65. 44,43.
-anciam, EigennameFransa44,36.45,41.
-antia, enfansa 1,37.
-*antia, alegransa1,6. esperansa25,63.
fiansa45,48.
-*antiam, acordansa45,49. alegransa
1,61C. 45,14. amansa1,13. 25,67.
balansa44,39. benanansa1,38. 44,30.
45,6. comenssansa1,5. destinansa
45,7. doptansa1,14,57. egansa1,54.
esperansa1,62C. 44,37. 45,21,51,55.
fermanza45,20. fiansa1,22. 25,61.
44,26.45,35.ismansa1,53.membransa
1,21. passansa1,30. 25,69(-*antiat,
desenansaM),44,32.45,13.semblansa
1.45. 25,71. 44,28. 45,34,54, veniansa
45,27.

-*antiat, auansal,58. dezenansa44,41.
enansal,29. 45,42,52.

anz DS, 15: IK, 21: IKD•G, 26:
IKG, 30G, 33: IKG (ans ACEMPR,
30: IK, anç 26 N, 33 N; antz, ansz)
15.21.26.30.33.
-*amnus, dans15,16. 21,11. 26,20. 30,9.
33,39.
-andes, engrans [s. Tobler, Dis dou
vrai aniel Anmkg. su S. 1] 21,3
(-*antus, enans M).
-annos, ans26,6. 30,2. 33V4R. normanz
33,45.
-*annos, afans33V7R.
-annus, adj. normanz 26,43,46.
-*annus, afans15,44. drogomans [arab.
torg'omân]21,49. enganz [s.-*annum,
engan] 15,23. 21,9.
-*antem+s, Eigenname Azimans 21
VII3 E(-*annos, subst. forfans C)26,
41,47. part. prs: m. 21,25. 26,26,27,
33,34,40. 33,4,28,32C,42, f. 21,41,43.
33,21.
-antes, subst. obl. m. amanz15,30.
-*antes, subst. obl. m. semblanz15,37.
21,35. 26,13. 33,35.
-*antius, adv. abanz26,44. desabanz
33,18.
-antos, tans21,33. 30,11. 33,14.

-antus, chans15,2. 21,27. 26,5. 33,7.
-*antus, amirans [arab. amîr] 21,19
abanz33,25. enans26,19. talans [s
-entus, talens] 15,9.21,1. 26,12. 30,4.

ar 4. 19. 38. 39. 40.

-acere, subst. inf. obl. far40,62. inf.
escalfar40,39. far [s. faire] 4,39.
-are, subst. inf. obl. 38,17. 39,19,33.
40,23; inf. 4,34,38,42,46,47. 19,17,
19,22,27,30,49. 38,6,26,27. 39,25,35,
41,II3C. 40,6,7,10,15,19,26,35,42,46,
50,54,58,59,66,70, adv. clar39,3.
-*are, inf. 4,36,44. 19,23,25,31,52.
38,7,16. 39,11,17,27,II1C. 40,2,11,14,
18,27,31,34,38,43,47,55,67,71,75,76.
-arem, adj. m. ampar40,22. par40,63,
f. par40,3.
-aret, ampar40,51. par39,1.
-*aro, esgar [ahd. warón] 39,43.
-arum, adj. m. car19,53. f. car st.
cara 39,9.
-arum, Eigenname Esgar19,50.

ara ¹) a (èra, aira):3.

-ara, adj. clara3,34 (clera R, claira S,
sera M).

1) Diese Reimreihe ist nur in Hs. a durchgeführt, alle übrigen Hss.
bieten daneben noch -èra. Die hierher gehörenden Verse sind nach Hs. C
folgende:

Vers 1. Amors enqueraus preiera
12. Mout viu a gran mesquinera
23. Totz temps de lieys me lauzern
34. Tant es fresc e belh e clera (clara M.G. 208).
45. Doussa res cuinda e vera
56. Soven plor tan que la chera
(N'ei destreh e vergonhoza).

-**aram**, *subst.* aliscara [*ahd.* harm-scara] 3,12 (asescara S a, mesquinera C, alischera M R), cara [*griech.* χάρα] 3,56 (qara S, chera C, clera M).

-**ar(i)a**, *adj.* vara 3,45 (vera C M, veraya R).

-**averam**, lausara 3,23. preiara 3,1.

as (*ains* Q; *ans*, *anz*) 30.

-**anus**, *subst. obl. pl.* mas 30,53. *adj.* plas 30,51. sans 30,44.

-**anus**, *subst. n.* grans 30,46.

at 6. 30. 32.

-**atem**, meitat6,29. pietat30,39. vertat 6,5. 32,7. voluntat 30,37.

-**atem**, amistat6,21. 32,28. foudat6,30. 32,15.

-**ati**, *part. prt.* ajostat6,46.

-**atum**, *subst.* comjat 6,54. 32,25 N, pecchat 30,32. *adj. obl.* deseretat 6,22. irat30,30. privat6,6. *part. prt.* 6,45,53(-**atem**, *subst.*) M: 57,58; 61 O(-**acius**, *adv.*), 62 O. 32,1,4,14, 22,35.

-**atum**, *subst.* grat6,37. 32,8. [a grat *genehm*], pensat6,13. *adj: obl.* doblat

6,14. forssat6,38. *n. neutr.* acostumat 32,36. *part. prt.* 32,11,18,29,32,39, 42,45,48.

?, at [= *Vortheil*] 32,21.

atge BLP,19: ACVa, 20V, 23V, 25A, 42C (*atie* R', 19R, *aie*N, *age* FSX, 19: DMQ, 23G, 25:DG, 42: MDcQ; *agge, aitge, aige*) 19. 20. 23.25.42.

-**adium**, gatge [*goth.* vadi] 20,43. 42,39.

-**atici**, boscaie 23,16.

-**aticum**, viatge20,16. 23,18.

-**aticum**, *subst.* badaie 19,12. 23,32. boscaie 42,2, corraie19,10. 20,14,47. 23,56C. 25,73,VII7A, 42,3. daunnaie 19,8. 23,8. 25VII 1A, 42,44. estaie 19,2. 20,5. 23,10. 42,23. follnge19,4. 25 VII 5 A. 42,45. lignatge 23,26. messatge 23,42C. 25VII9A. 42,24. ostatge20,25. 25,75,VII11A. paratge 42,18. salvaie19,5. sejnoratge20,41. 23,50C. 42,15. usaie 19,13. 20,23. 23,40C. 25 VII 3 A. vassalatge 20,32. 42,14. vilanatge23,24, C: 48,60.42,35. volpillatge20,34. *adj.* agradatge20,7. salvatge 23,2. 42,36. volatge 19,16. 23,34C.

Die Reimworte »vera« (45)=*lat.* vēra oder varia, »clera« (34)=*lat.* clara, »chera« (56)=*griech.* χάρα sind aus lautlichen Gründen für die Reimreihe -*era* unzulässig. Bartsch [Ztschr. f. r. Ph. I, 74] stützt das in d. Lais Markiol zwei Mal vorkommende cler nur mit unserem Beispiel (clera), das aber nicht beweiskräftig sein kann, da sich die Reimreihe -*èra* leicht in die von -ara umsetzen lässt. Für mesquinera (12) setze ich die Lesart der Hss. D₄H »aliscara« ein, und vara (45) ist als Nebenform von vaire anzusehen, die ich sonst allerdings nur in der männlichen Form im Reime angetroffen habe, so bei:

Arn. d. Mar. 15 : Pos anu, e ses cor var
Raimb. d'Aur. 1: A lieis qu'am ses cor var
Raimb. d. Vaq. 6: E quar de re nous suy vars.

atz K E M V, 16: I C, 22: A C, 24 C,
35 I (*az* D, 16: G S, 35 A, *aç* 16 Q;
atç, *as*) 16.22.24.35.
-acem, patz 22,39. 35,8.
-*acem, *Eigenname* Alvernatz 16,19.
-acet, platz [*s.* plai] 22,55. 24,37.
35,10.
-*achios, bratz 24,35 E. 35,20.
-aciem, fatz 16,34.
-acio, fatz 22,7. 35,4.
-*atem+s, amistatz 16,3. 22 VIII 3 C,
24,29. 35,43. beutatz 16,35. 35,23.
foudatz 22,23. 35,45 a. voluntatz
24,13.
-ates, *obl. pl.* voluntatz 35,32.
-*ates, *obl. pl.* amistatz 22,15. 35,14.
enemistatz 22,40.
-atis, pensatz 16,2.
-*atis, oblidatz 16,11.
-atium, *obl. sg.* solatz 22,31. 35,2.
-atos, *adj. obl. pl.* chantatz 22,8.
-*atos, *subst.* datz 35,40. fulhatz 24,5.
gratz 16,18. 35,17. pratz 24,3. *part.prt.*
mandatz 22,60(-*atus, enviatz C).
-atus, *subst.:n.* privatz 22 VIII 4 C. *obl·*
latz 22,47 K. *adj.* iratz 16,42. 22,32.
35,16. privatz 16,26,42. 22,24. 35,35.
part. prt. 16,10,27. 22,59. 24,11,19,
21,43. 35,11,38,41.
-*atus, *subst.* enseingnatz 22,16. *adj.*
enseingnatz 35,28. *part. prt.* 16,43.
22,48,56. 24,27,45. 35,5,22,26,29,34.

au (*al*; *s. al*) 13.21.

-abet, abau 13,30 K. 21,28 (-audet,
esjau R, -alem, *adj. m.* cabau M a),
mentau 13,29.
-*aco, fau 13,21. 21,21.
-ado, vau 13,11. 21 VII 4 C.

-ale, *adv.* aitau 21,20 K.
-*alem, *Eigenname* Peitau 21 VII 5 C,
adj. m. corau 21,44.
-alet, cau 13,48. vau 13,38. 21,29.
-*ali, desliau 13,47.
-*al(i)um, au 21,13.
-alum, mau 21,45.
-*ao, estau 13,39.
-audem, *subst. obl.* lau 21,4.
-aud(e)o, esjau 21,37(-*ao, estau **D**ª,
-audo, lau S).
-audet, *praes:* ind. esjau 13,3. jau 21,12.
cj. lau 21 VIII 1 G.
-aud(i)o, au 13,20. 21,5.
-audo, lau 13,12.
-ave, *adv.* suau 21,36.
-avem, *adj. m.* suau 13,2.

aus KAC D**a** (*als* a) 15.

-ales, *adj:* obl. *m.* esperitaus 15,47.
n. f. venaus 15,25.
-alis, *subst. m.* nadaus 15,46. *adj: m.*
cabaus 15,5. naturaus 15,33,50. *f.*
aitaus 15,19. egaus 15,32.
-*alis, *adj. f.* comunaus 15,18 K.
coraus 15,4. leiaus 15,39.
-alsus, faus 15,26.
-*alus, *subst.* maus 15,11.
-avis, *adj. m.* saus 15,40.
-*els, *adv.* sivaus 15,12.

ausa IKAMNS (*auza* CD**a**E) 4.

-ausa, clausa 4,43.
-ausam, causa 4,38,37. pausa 4,40.
-ausat, pausa 4,45.
-*ausat, ausa 4,35.
-aus(e)a, nausa 4,41.
-*av(i)sat, asuausa 4,48.

é 2.3.4.16.17.25.32.36.41.43.

-ẽ, *pron.*: *m.* me [*s.* mey] 3,50(-ēdem, merceD*H)4,2. 16,40. 17,10. 25,32. 32,13. 36,53. 41,44. te43,21. se32,40. 43,23. *f.* te36,47(-ĕm, reRa). se 36,42,51,58. 43,13(-ïdem, fe K, -*innum, sen NOVWa).

-ēdem, merce [*s.* mercei] 2,31. 3,5. 4,4. 16,44. 17,12. 25,34. 32,19. 36,28. 41,34. 43,37.

-ēdit, cre [*s.* crei] 3,17. 36,44.

-ēdo, cre [*s.* crei] 32,44. mescre 43,31. recre 32,20. 36,19. 41,36. 43,53 (-eneo, 1 *sg. i. prs.* rete L),59(-eneo, 1 *sg. i. prs.* reteUi.

-ĕm, re3,49. 4,10. 16,17. 17,26(-ē, *pron.* me) 25,36. 32,41,46.36,40. 41,26.43,15.

-ĕne, be4,7. 16,1. 17,52. 32,5,43K. 41,20.

-ēnem, le 36,54(-ēnum, ple a).

-ĕnet, rete16,28. 41,12. 43,55. te4,14. 17,2,28. 32,27. 43,29.

-éni, ple 3,39D*(-ēdit, recre S).

-ĕnit, ave3,16. cove2,30. 3,38D*(-ïdet, veS), 4,6. 16,36. 17,50. 25,26. 32,34. 36,25. esdeve4,12. 16,25. 17,34. 36,23(-ĕm, reRS),34.43,39. reve17,44. (-ĕnet, teR). 41,4. sove2,37A(-endo, defenE). 3,6,60. 16,9A. 36,38. 41,28. ve16,4. 17,18. 32,12. 36,48(-ĕnet, teMS). 41,18. 43,5(-endit, pren NOVWXa).

-ēnum, *subst.* fre 17,4. *adj.* sere41,2.

-*ĕnum, *subst.* be 3,61. 25,28. 36,21. 43,47(-ēdem, merce K).

-ïd, que 3,27. 17,36(-ē,meCM). 32,6. perque 2,38A.

-ïdem, fe [*s.* fei] 4,15. 16,20. 17,20. 25,30. 32,33,47. 36,30. 41,10.

-ïdet, ve16,33. 17,42K. 36,45. 37,42. 41,42. 43,45.

-*ïn(at)um, cle 36,32 [*s.* Diez Et. W].
-?, *adv.* ancse3,28. dese 16,12. 43,7. jase 32,26.

égra CHMa (*éra*) 3.

-ebu(e)ram, degra 3,59.

-*ev(e)ram, estegra3,15. queregra3,48.

-*ev(e)rat, escazegra3,26. paregra3,4.

-igram, negra 3,37.

eí IKABD*GM, 7Q, 21E(*e*F, 21S, 24W; *ey*) 5.7.21.24.

-ē, mey [*s.* me] 24,31.

-ccit, fei24,21.

-ēctum, *subst.* drei21,34.

-ēdem, mercei [*s.* merce]7,47,49. 21,42 (-ē, meyC).

-ēdit, crei [*s.* cre] 7,23.

-ēdo, crei [*s.* cre] 24,22.

-ēgem, rei 5,28. 21,50.

-ïcet, autrei7,15. cabalei24,47. folei 24,46.

-ïcitum, *subst.* esplei5,14.

-:oo, soplei24,14.

-*ïoo, esbaudei 24,6. guerrei 7,31. reverdei24,7. sejnhorcj5,7. sordei7,7.

-ïcum, dompnei 21,26.

-ïdem, fei [*s.* fe]21,10.

-ïdeo, envei7V7A. 21,18. 24,13. vei 5,21,35 ¹). 7,39,51. 21,2. 24,38.

-?, 3 *sg. cj. prs.* estey24,39.

---

1) In Ged 5, nur in Hs. V erhalten, lautet der letzte Vers (35):
»*Es la meillor que el mon sen*«
Der Reim verlangt für *sen* ein auf -*ei* endigendes Wort, ich setze dafür *vei* und lese:
Es la meillor que el mon vei, od. besser
Es la meillor quieu el mon vei.

12

eia (*eie* X, *eya* R', 7 C, 29 C, *ea* 7 F;
ee) 7.29.42.

-**ebeat**, deia 29,27. 42,17.
-***ediam**, recreia 29,43. 42,8.
-***ediat**, creia 42,37. descreja 7,24
(-***adiat**, dechaia? ER).
-***eviat**, greia 29,41.
-**ïcat**, pleia 29,17.
-***ïcat**, desautreja 7,16. domneia 29,9.
42,16. esbaudeia 29,1. 42,7. felneia
291V3A. folleia 42,29. guerreja 7,32.
29,19. merceja 7,48,50. 29,11. plai-
deia 29IV1A. 42,49. seingnoreia 42,11.
sordeja 7,8.
-**ïdeam**, veia 7,52. 29,35. 42,28,52.
-**ïdeat**, veia 7,40. 29,25(-***ëdiat**, creia
ABDRSV).
-**ïdia**, enveia 29,3. 42,32.
-**idiam**, enveia 7V8A.
? , *cj. prs*: 1 *sg.* esteia 42,38. 3 *sg.*
esteia 29,33. 42,54.

èl 38.

-**aelum**, cel 38,22.
-**ellum**, chastel 38,12.
-***ellum**, auzel 38,3. morsel 38,13. ramel
38,2. tropel 38,23D*.

élh IC (*eill* KABDEFGLS, *eilh* M;
ilh, el, il, ei) 7.

-***ïo(u)li**, vermelh 7,9.
-***ïo(u)lo**, aparelh 7,41.
-***ïo(u)lum**, solelh 7,1.
-**ïg(i)lo**, velh 7V1A.
-***ïliet**, meravelh 7,33.
-***ılii**, conselh 7,17.
-***ılio**, corelh 7,25.

élha IC (*eilla* KBDFGLP, *eilha* M
eilla S, *eille* W; *ilha, illa*) 7.

-***ïo(u)la**, vermelha 7,12.
-***ïo(u)lat**, aparelha 7,44. solelha 7,4.
-**ïg(i)lat**, esvelha 7V4A.
-***ïliam**, meravelha 7,36.
-***ïliat**, conselha 7,20. corelha 7,28.

èlla IKAGLMQa (*èla* RV; *èlha,
eilla*) 25.

-**ellam**, bella 25,15.
-***ellam**, aissella 25,19. novella 25,13.
-**ellat**, apella 25,17. revella 25,23.
-***ellat**, cabdella 25,21.

én 2.3.6.10.13.15.16.17.20.27.30.31.34.

-**ende**, aten 15,54. enten 15,53.
-**endit**, aten 10,6(-**entum**, *subst.* talen
V). 15,52. 34,26. defen 3,54. encen
17,48. enten 15,51. 17,53. 27,11. mespren 16,15(-**endo**, 1 *sg. prs.* sobrepren
AGMOPQST a), pren 3,52. 10,12.
15,21. 16,7. 17,57. 30,21. 31,21.
(-**ensum**, *part. prt.* pres? MNQRWa).
repren 15,34.
-**endo**, apren 13,57. aten 3,19. 15,14.
16,53. 30,59. 31,8. conten 13,54.
defen 6,34. enten 15,6. mespren 16,21.
pren 6,26. *Gerund.* 3,32. 10VIII1C.
16,13,45. 27,21. 34,19.
-***endo**, rendo 31,56.
-**ente**, *adj. n. sg. neutr.* avinen 10,34.
desavinen 2,29. plazen 3,22. *adv.*
len 3,10; — cubertamen 10,27.
doloirozamen 3,63. finamen 2,39A·
20,46. 31,40. lonjamen 6,4. 10,13.
16,29. 17,45. 31,59C(-**inde**, sovenG).
34,3,27. paubramen 10,33. solamen
3,21. vilanamen 15,27.

13

-*ente, *adv.* gen 3,43. 6,42. 16,39. 17,32K(-ĕm, re R)31,25.

-entem, *subst. m:* obl. paren 17,29. 27,20. semen30,49C; benvolen13,45. escien 2,32. 6,28. espaven 20,15. noien15,42. 27,48. 31,24. parven3,65. 15,20. 27,12. presen 34,35. tenen 17,21. *n.* parven31,41. *subst. f.* gen 6,18. 13,9. 31,12. avinen6,52. *adj:m.* avinen3,44. 27,38. conoixen34,42. covenen 15,41. 16,37. dolen 2,36A, 10III5C. soffran6,20. valon34,18. *f.* covenen16,50. *adv.* neien30,56(-endo, prenA).

-ent(i)o, consen6,12. 27,29. sen10,20. 27,30.

-*ent(i)o, men15,28.

-entit, sen3,66. 31,9.

-ento, presen17,40. 20,33.

-entum, *subst.* argen31,37. talen [*s.* -antum, talan]3,30. 17,5K. 34,43. ven 3,33. 17,16. 27,3. 31,44. *num.* cen 6,50. 15,49. 30,42. 31,28. 34,10.

-*entum, *subst.* aten16,5. 34,11. presen 20,42; — acordamen30,14. acuilimen 10III6C. adiramen13,36. ardimen 16,31. 17,8. chaptenemen 17,37. chauzimen6,36. comandamen31,53. comensamen 3,8. contenemen 27,2. esgardamen 13,18. faillimen 3,55. 6,44. gardamen27,56. jauzimen3,11. 10,5,19. 15,13. 30,7. meilluramen 30,28. parlamen34,34. partimen 30,35. pensamem6,10. 17,24. 27,57. salvamen17,56. *adj: obl.m.* gen10,41. 17,60(*subst.* parlamen)20,6. 27,47. *n. neutr.* gen15,35.

-inde, soven16,47.

-*innum, sen [*germ.* sin] 3,41. 6,2.

10,26,40. 13,27. 15,7. 16,23. 17,13. 20,24. 27,39(-entem, *adj. f.* rizan V).31,5. 34,2,25.

éna (*éne* W)2.

-ēnam, arena2,33. cadena2,12.

-*ēnam, carentena2,40A.

-*ĕnat, abena2,19.

-*ĩnat, amena2,43. demena2,5.

-*innat, desena2,46.

-oenam, pena2,26.

énda 19.26.

-endam, aprenda19,34. contenda19,45.

-*endam, *subst.* calenda26,48. esmenda 19,48. 26,7.

-endat, atenda26,14. defenda19,40. entenda19,44. prenda19,42. 26,21. sobreprenda26,45. tenda26,35. venda 19,36. 26,28.

-*entam, *subst.* atenda19,37.

éndre 4.

-endere, contendre4,17. entendre4,19, 32. defendre4,24. deiscendre 4,25. prendre4,21. vendre4,29.

-*endere, rendre4,27.

énha C (*eigna* D*, einha* M; *eignha, egna, enga, enna*)3.18.

-*endiam, prenha3,7. reprenha18,28.

-eneam, contenha18,7.

-eneat, captenha3,62. retenha 3,29. 18,21.

-eniat, avenha3,40. covenha3,18.

-igna, *imp.* ensenha18,32.

-ingat, destrenha18,14. estenha3,51.

éns s. **énz.**

énsa IKCR(énzaDGa, énçaQ, enssa A)30.
-*entiam, bistensa30,38. parvensa30,29.
penedensa30,31.
-*inoiat, vensa30,36.

énta 37.

-*entam, subst ententa37,7. genta37,5.
-entat, prezenta37,11.
-*entat, atalenta37,10. espaventa37,20.
venta37,1.
-ent(i)am, senta37,9.
-*ent(i)am, menta37,15.
-ent(i)at, cossenta37,13.
-6en(i)t(e)am, repenta37,17.

énx DD*DcPSU, 1: IK(ençGN, entz F, einsO, ensBWa, 1: ACRV,5V; entç, engs, enhs, einhs, eins)1.5.39.
-*em(i)us, blastens[griech.βλασφημειν] 39,16.
-*entem+s, subst.essiens5,26. guirenz [s. -*anti, garan]1,44. niens¹)5,15. adj: m. jauzenz1,12. valens1,20. f. rizenz1,41. part. prs. m. conoissenz 1,28. sabens5,12. temens39,58A.
-entes, subst. f. valens5,33.
-entus, adj. lens39,48.
-*entus, subst. talens [s. -*antus, talanz]5,20. adiramens5,27.ardimenz 1,17. comensamenz1,4. 5,6. enseignamens1,36,52(-*entem+s, adj: m. plasenz M, f. rizensCLPQSUVa, plaisençG).faillimenz1,25 jauzimens 5,5. adj. m. genz1,49.

-ignes, denhs39II7C.
-*ignos, entrecens39,23.
-ignus, sengs39,32C(-entem+s, n. sg. dens IK,-entes, n. plur. densA).
-incit, venz1,9. 5,19,34. 39,8.
-inotus, cens39,7. estens39,40(-ïmus, mejnsV).
-*inotus, atenhs39II8C. depeins39,47A (-*inotum, depeinsIKCMOVa).
-ïnitio comens1,1.
-*innos, cenz[=Seite, Richtung,s.Diez, Et.W.senno]39,31.
-*innus, senz1,33. 39,24(-enius, geinhs CMNORV).
-ïnus, mens39,15(-inotus, sufreinhsC), 57A.
-*inxit, destrens39,39.·

ér 2.4.10.15.21.25.42.43.45.

-ère, Eigenname Vezer42,33,50. subst. inf. 2,22. 4,26. 10,25, III4C, 15,45. 21,8,48. 42,27,40. 43,51. 45,3,23. inf. 2,15,17. 4,18,28,30,31. 10,2,11,16,37, 39, III2C. 15,1,3,10,24,31,38,43. 21, 16,32. 25,4,6,8. 42,5,6,19,20,26,41, 53,P.43,1,11,19,27,33,43,49. 45,10,16. 17,30,31,44. adv. ser10,4. 45,9.
-*ère, subst. inf. 4,22,23. 10,23,32. 15,8. 21VII8C. 25,10. 42,47. st.-ère 42,48(-èreNQ),51. inf. 15,29. 42,12. 43,17,35. 45,24. st. ëre10,9,18. 15,7, 15. 21VIII4G. 25,2. 42,13. 43,3,9. 45,38,45.
-ëro, desesper25,12. 43,25. esper4,20.

---

1) In Ged. 5, nur in Hs.V erhalten, lautet Vers 15.
»Que totz autres mals sons niens«
Ich setze des Reimwortes wegen es für son und lese:
»Que totz autres mals es niens«.

-ērum, *subst.* ver2,24. 10,30. 15,22.
43,41. 45,2. *adj. n. neutr.* ver21,24
(*subst. obl.* verC).
-*ērum, *subst.* esper15,36. 21,40. 42,34.
45,37.

és 2.5.10.12.14.21.22.31.34.

-ēdem+s , merces10,15. 14,12. 31,23.
34,28.
-ēnis, *adj. m.* les12,17(-*ēnsis, cortes
MORV, -*isous [*ahd.* frisc] fres
FGQS).
-*ĕnos, bes12,22.
-ē(n)sem, mes5,1. 10,1. 31,14.
-*ē(n)sem, *Eigenname* Frances10VIII2
C. *subst*: *m.*cortes22,20.*f.* necies34,41.
-ē(n)set, pes5,25. 14,23. 22,18. 31,58C.
-*ē(n)si, 1. *sg. i. perf.* pres14,24.
-*ē(n)sis, *Eigenname* Vianes5,29. *adj.*
cortes2,16. 31,54.
-*ē(n)sit, pres5,15.
-ē(n)so, pes22,26.
-ē(n)sum , *adj.* defes34,17. *part. prt.*
mespres10III3C. pres10,10. 12,15.
22,52.
-*ē(n)sum, *subst.* defes10,3(-issum,*adj.*
espesCGMNQa), pes ¹)34,25.
-ē(n)sus,entrespres31,46.mespres31,15.
-ēnus, ples14,17.
-*ēnus, fres31,7.
-ĕnus, *negat.* ges2,25A. 10,38. 14,5.
22,36. 31,55. 34,20.
-*ĕnus, bes2,18. 14,6(-ēs, resO). 22,42
(est, esC). 31,30.

-ēs, *subst. n.* res10,36 14.12. 22,28.
num. obl. tres2,23. 14,18.
-est, es5,32. 10,8. 12,19. 22,4,44. 31,
31,57C. 34.44.
-ĭdes, *subst: n. sg.* fes10III1C. 21,52.
obl. plur. fes14,30.
-issem, agues10,29. 31,38. 34,9.pogues
5,11. 12,27. saubes12,20. 34,1. vol-
gues12,26.
-isset, avengues5,4. ausies10,22. cog-
nogues22,12. 31,39. conques5,22.
21,51. dixes5,8. fezes10,17,24. 22,34.
plagues10,31. 22,50. 34,33. pogues
5,18. 22,10. 34,4,12.
-*issit, *st.* -isit, promes14,29.
-issum, mes31,6,22. *st.* -*is[it]um,
conques22,2.
-*issus, *st.* -*is[it]us, conques31,47.

ĕs 20.

-á(v)issem, celes20,13. chantes20,1.
mandes20,4. tornes20,28.
-á(v)isset, ames20,19.
-*á(v)isset ?, nasques20,37.
-ĕdes, pes20,40.
-essum, *adv.* pres20,22.
-*esti, engres20,10.
-ipsum ? [*s.* RomaniaVIII,156] ades
20,31.

ĭa 17.21.25.30.45.

-ĕa, *subst.pron.* mia17,22. 21,30. 45,18.
-*ia, cortesia17,30.21,7.seingnoria21,31.

---

1) In Ged. 34, nur in Hs V erhalten, findet sich Vers 25 das Reimwort
»sen«
»Qui en amor a son cor ni son sen«
Der Reim verlangt ein auf -és ausgehendes Wort, für welches mir *pes*
(Gedanke) am besten zu passen scheint.

-*iam, *subst.* druderia17,5. 21,6. 25,25.
feuniu 17,23.   45,25.   fuołlia 30,20.
vilania17,38. 45,50. *st.* -lam, *Eigen-*
name, Normandia21VII6C, *subst.*
via21,47, VIII,2,3G. 45,5. *st.* -ïem,
dia45,19.
-*iat, *st.* -*ïat, sia17,47K, 58. 21,46.
25,33. 30,27. 45,26.
-ïbam, escria17,54.
-*ïbam, *st.* -ēbam, *impf.* dizia45,46.
podia17,6. 45,40. remania21,38. solia
45,12. volia21,22. *cond.* II. aneria
45,47. juraria17,46. 25,29. perdria
45,32. poiria21,23.
-*ibat, *st.* -ēbat, *impf.* avia17,59.
plasia17,55. 25,27. *cond.* II. amaria
17,14.   21,14.   covenria21 VII 7 C.
enqueria17,7. faria25,31.   saubria
21,15. volria45,4. *st.* -iebat, fasia
21,39.
-icam, *subst.* amia45,53. 1. *sg. cj. prs.*
dia30,26.
-idat, aucia17,31. 25,35.
-*idat, fia45,33.
-ideam, ria45,39.
-igat, castia30,19.
-*igat, entrelia17,39.
-*itat, cria45,11.

ic 24.
-*ichum, ric [*ahd.* rîchi]24,20.
-*ici, guarric24,1.
-ico, dic24,35.
-īcum, amic 24,12,41 E (-īquum, *adj.*
anticC).
-*icum, *adj.* mendic24,17.
-ïget, castic24,28.
-*īgum, castic24,33.
-*ihvo [*s. Ztschr. f. r. Ph. II,* 310 *ff.*]
gic24,9.

-ïqui, enic24,4.
? , pic *veränderlich, adj. obl. sg.*
24,25E.
? , bric24,44E (bic C) [*s. Böhm. rom.*
Stud. 1V.328].

ida 23.30.38.
-ita, *adj.* cobida23,35C. encobida30,50.
-*ita, *subst.* deschauzida [*goth.* kausjan]
23,25. *adj.* aizida23,51C. colorida
30,52. soasida38,29. *st.* -ïta, traida
23,27. *part. prt.* 23,3,49C, *st.* -ïta,
30,45K.
-itam, *subst.* vida23,9. 30,43. 38,19.
part. prt. 23,1,19,33C.
-*ïtam, *subst.* chausida38,9. escarida
[*ahd.* scara]23,41C, *adj.* jauzida
23,43C.
-*ïtat, guida[*goth.* vitan]23,11. oblida
23,17.

ièr CR (*èr*G)23.
-aero, quier23,52C.
-arie, voluntier23,55C(-aerit, qierR,
-ěrit, soferV).
-*arii, *subst.* derrier23,31. lauzengier
23,44C. messongier 23,47C. vergier
23,15.
-arium *subst.* escudier23,39C.
-*arium, *subst.* cossirier23,4. desirier
23,12. *adj.* destorbier23,20. leugier
23,23.
-ěgri, entier23,59C.
-ěrit, fier23,28.
-*ěr(i)um, mestier23,7.
-erv(i)o, sier23,36C(-aero, qierR).

ièrs IACR(*èrs*G)33.
-*arios, cavalliers33,41.
-arius, *adj.* premiers33,19.

-*arius, subst. conseriers33,34. deriers
33,20. messagiers33,33,43. soudadiers
33V6R, adj. drei...ers33V5R. par-
liers33,12. presentiers33,40. sobriers
33,13. vertudiers33,27.adv.volentiers
33,6,44.
-*ĕgrus, entiers33,26.
-*er(i)us, mestiers33,5.

ina 18.

-īna, vezina18,19.
-*īna, fina18,25.
-īnam, dissiplina18,11.
-*īnat, fina18,4. tayna18,29.

ir (s. ire)1.2.9.13.14.25.34.38.

-ībrem, vir13,10.
-ibret, vir1,23.
-ībro, vir9,34.
-īcere, dir1,59,64C. 2,10.
-*i der(i)i, desir9,36.
-i der(i)um, conssir14,3. desir34,13.
-īdero, cossir13,22. 38,25. desir38,15.
-īgere, acuillir25,16.
-īre, subst. inf. 1,8. inf. 1,40,48. 2,9.
13,37. 14,2,8,9,14,27. 25,14,18,20.
34,2,16,35,45,48. 38,28.
-*īre, subst. inf. 34,24. inf. 1,7,16,24,
31,32,47,60,63C. 2,2,3. 9,41,44. 13,1,
4,13,19,28,31,40,49. 14,20,21,26. 25,
22,24. 34,5,8,29,40. 38,8,18. st. -ĕre
1,15,39. st. -ĕre13,46. 38,5.
-*īret, azir14,15.
-iro, sospir9,37.
-*īro, remir1,56. 9,40.
-itr(i)um, albir1,55(-*īre, subst. inf.
chauzirCGLPQRSUVaa, -ıret, 3 sg.
cj. prs. mirMj84,92.

ira 9.18.

-ibrat, vira9,93. 18,1.
-iderat, desira9,35.
-ıram, ira18,8.
-irat, sospira9,38.
-*īrat, mira9,39. tira18,22.
-*īveram, jauzira18,15.

ire (s. ir)4.9.12.25.27.30.35.44.

-ībere, escrire12,28.
-ībrat, vire30,1.
-ībrem, vire44,64.
-ībret, vire35,15(-*īrem, remireV).
-ībro, vire27,31.
-īcere, dire4,49,60,61A. 12,21. 25,49.
27,40,41. 30,3. 35,21,38. 44,66. escon-
dire27,23. 35,39.
-īdere, ausire12,25. 25,53. 27,50. devire
35,37.
-*īdere, st. -īdēre, subst. inf. rire30,8.
inf. aissire27,5. 30,10. 35,27. rire
4,57,64A. 27,14. 35,3. 44,68.
-*īder(i)i, dezire4,56(-*īrii, martireR,
sospireE,-irium, martireS).
-i der(i)um, consire27,4. 35,1. dezire
27,49.
-īdero, consire4,51. 25,55(ītrium,subst.
obl. sg. albireR). 44,62. desire12,18.
25,51. 35,25.
-*īret, mire12,16.
-*īrii, sospire4,53(-*īder(i)i, dezire
R). 44,72.
-irium, martire27,59. 35,7. 44,76.
-*īro, aire27,22. 35,31. mire25,57.
remire27,32. 35,19.
-*īter, jauzire9,42. 25,59. 27,13. servire
12,23. 27,58. 35,18. sofrire9,43. 35,9.

2

18

is 1.11.20.21.37.
-gēnsem, pais11,24. 20,11. 37,2.
-īoem, *subst. f.* amairis11,15.
-īous, amis11,3.
-*īl(i)os, lis11,9,12.
-īnis, *subst.* fis1,3. *adj.* aclis20,39. 21,57. 37,6.
-īnos, *subst.* vezis1,18. *adj.* esdevins 20,12.
-īnus, vesis21,59.
-*īnus, fis20,21. 37,16.
-*īscit, abelis20,1. afortis1,19. 37,19. aizis20,20. enfoletis11,27. fenis11,45. grazis20,3. reverdezis11,42.
-*īsco, esbrois1,11. fenis1,2. sofris1,10.
-*īsem, *Eigenname* Elis11,6.
-*īsit, conquis11,39. enquis1,34. *st.* -īdit, aucis1,43.
-īsos, ris11,30.
-*īsos, *subst.* servis11,21(-issem, *cj.* plusq. servis C² R, -*īscit, *praes.* abellisSPc).
-issem, partis20,30. 37,9. vis20,38.
-*issem, mentis1,35.
-*isset, trais1,42.
-īsum, *subst.* devis1,27. paradis11,36. 20,29. 37,4. vis11,33.
-*īsum, assis37,8. conquis1,50.
-īsus, ris21,53. vis1,26,51. 37,12.
-ixit, dis37,18.

it 27.
-īdit, vit27,33.
-ītum, *part. prt.* 27,6.
-*ītum, *subst.* ardit [*goth.* hartjan] 27,42A. chauzit27,35,53. crit27,26. *adj: n. neutr.* escarit [*ahd.* skarjan] 27,15. *obl. m.* aizit27,44A. florit27,8. garit [*goth.* varjan]27,60. *st.*-ītum, trait27,24. *part. prt.* 27,17,51,62,65.

itz 40C(isD, *iç* Q; *itç*, *igz*, *is*)33,40.
-īoem, razitz40,8.
-īoit, ditz40,45.
-*īotos, *subst.* ditz33,24.
-*ītos, critz40,4. *st.* -ītos, esperitz40,60.
-ītus, *part. prt.* 33,2,9,31,38. 40,20,57, 61,64,72,74.
-*ītus, *subst.* oblitz40,5. *adj.* arditz 40,32. esbaitz33,3. jauzitz40,9. marritz33,37. 40,37,73. petitz33,10. *part. prt.*33,16,17,23,R:V2,3. 40,1,12,16,25, 28,33,36,40,41,44,48,49,52,53, 56, 65, 77, *st.* -ītus, *subst.* esperitz 33,30. *part. prt.* 40,13,17,24,68,69, *st.*-ētus *part. prt.* 40,21.
?, . . . fitz40,29.

iza D(isaS; *iça*, *issa*)44.
-*īciat, esraiza44,25.
-īsam, viza44,31.
-*īsam, *subst.* deviza44,29. gniza44,18. *part. prt.* conquiza 44,27. enquiza 44,21.
-*īs(i)am, *Eigenname* Friza44,24(-īsam, PisaV). *subst.* chamiza44,14.
-*yss(e)am, biza44,16.

ó[n]
D*Of, 6: IKa, 9N, 30: IKADGQ(6:E MSV,6A,30C,32:AN):6.9.20.30.32.
-ŏc, o32,38.
-ōn, non6,15. 20,35.
-*ŏne, *adv.* eviron6,48K.
-ōnem, *subst: m.* lairo20,17. leon32,31. *f.* ocaison9,20. 32,16. preison9,18. 20,45. rason6,56(-ōn, *Neg.* AEGOR af),60 M. 9,32. 20,27. 30,16. 32,3. sazo20,26.
-*ŏnem, *Eigenname* Eblon30,23. *subst: m.* compaignnon6,7. reso20,18. *f.*

chanson6,24. 32,2. faison6,55. tenson
32,10. *adj. m.* fellon6,31. 32,17.
-**önet,** don6,23,640(-önum, *adj.* bo R).
-***önet,** ocaiso20,36.
-**öni,** *subst.* son30,25. *adj.* bon9,24.
-***öno,** perdon6,40. 9,21Ds. 32,37. razo
20,48.
-**önum,** don9,26.
-***önum,** guizardon [*ahd.* widarlôn]
6,39. 9,29. perdon30,18. 32,24. pron
6,16(-önum, *adj. n. neutr.* bo GMO
RSV f),32(-önum, boS),59 M. 20,9.
32,30.
-**önum,** bon32,9.
-**üit,** fon6,8,630, 20,44. 32,23.
-**üm,** son6,47. 20,49.
-**ūnum,** jaon9,28.

öia IKDS(*oya, ueia*)44.

-***audia,** bloja [*altnord.* blaud]44,3.
-***audiam,** joja44,1.
-**ödiat,** poja44,7.
-**üviam,** ploja44,5.

öl (*s. uoill*)27.

-**ölet,** dol27,54. sol27,63.
-***ölet,** vol27,9.
-**ollit,** tol27,18.
-**ollum,** col27,45.
-***ölum,** dol27,27.
-**olvit,** asol27,66. revol27,36.

ön (*ónt*)5,43.

-***ond(e)o,** respon43,54.
-**ondit,** escon5,2.
-**ondo,** escon43,60.
-**ontem,** *subst: m.* mon43,40. pon43,38.
f. fon5,3. 43,24. fron5,24.

-**unde,** on5,17. 43,56,58.
-**undit,** coffon5,23. 43,30. fon43,8.
-**undo,** aon43,48.
-**undum,** *subst.* mon5,30. 43,14. *adj.*
jauzion5,16. 43,6. preon5,9. 43,22.
-***undum,** *adj.* deziron 5,10. 43,46.
volon43,16.
-**unt,** son5,31. 43,32.

óna (*óne*X)9.23.

-***öna,** *adj.* bretona23,38C.
-**öna,** bona23,54C.
-**önam,** *subst.* corona23,57C. *cj.praes.*
repona23,21.
-***önam,** *Eigenname* Narbona23,58C.
-**önam,** bona9,23.
-**önat,** dona9,25. 23,5.
-***önat,** abandona23,13. arrazona9,31.
asasona23,6. desasona23,22. guizar-
dona9,30. 23,37C. ochaisona9,19.
23,30. perdona9,22. 23,46C. preisona
9,17.rasona23,29,53C.tensona23,45C.
-**önat,** sona23,14.
-**ūnat,** jeona9,27.

ónda 26.44.

-**ondam,** esconda44,42.
-***ondam,** *subst.* esponda26,32. 44,44.
adj. blonda44,48.
-**ondat,** esconda26,4.
-***ond(e)at,** responda26,11.
-**unda,** jauzionda44,53.
-**undam,** *subst.* onda44,40. *adj.* preonda
26,39. 44,51.
-***undam,** ironda44,49.
-**undat,** *praes:* ind. aonda26,25. 44,38.
cj. cofonda26,18. fonda44,55.

ór 2.6.13.19.25.28.31.36.39.44.
-ŏrem, *subst*: *obl. m.* amador6,33. 19,35.
44,46. servidor 31,50. autor 39II6C.
meillor39,22. senior6,1.13,43. 28,9.
31,51. 36,1. 39,88(-ursum, socorCu).
obl. f. amor2,7,44,48. 6,3. 13,8,17,
26,35,44,53,56. 19,33. 25,60. 28,10.
31,3. 36,7. 39,21. 44,9,21,33,45,57,69.
color 25,58. 28,2,4. 31,42. 39,30.
44,59. dolor2,20. 6,11. 28,13. 31,27.
36,16. 39,13. 44,47,75. doussor44,10.
error6,9. 13,25. flor2,6. 28,3. 39,5.
gensor6,51. 28,15. 39,29. 44,74.
onor2,27. 13,16. 19,41. 28,14. 36,10.
39,14. 44,22. paor6,35. 13,52. 19,38.
31,43. 39,46. sabor28,8. 31,10,26.
44,71. valor2,34,45. 13,34. 31,11. *n.*
f. flor44,11. *adj*: *m.* major39,6. menor
6,27. pejor25,56. *f.* loignor2,41A.
meillor19,46. 31,18. pejor2,42A.
-*ŏrem, *subst*:*m.*chantador13,55. 31,2.
36,5. desonor6,17. domneiador19,43.
donador19,39. ensingnador2,35.folor
2,14. 6,25. 25,50. mirador 25,54.
pascor28,1. ricor44,23. vensedor
39,37. *f.* bellausor 25,52. 36,12.
-*ŏri, *subst.* amador2,13. 28,5. 31,34.
chantador28,6. traidor28,11. tricha-
dor31,35. plusor6,19. *adj.* traidor
6,41.
-ŏro, ador44,58. plor6,49. 28,7. 31,19.
36,3. 44,70.
-orsum, aillor6,43. 36,14. 39II5C. 44,35.
-*ŏrum, *subst.* plor2,21. *pron*: *m.* lor
13,7. 28,12A. *f.* lor2,28,47.
-urre, cor44,73.
-urrit, acor28,16. cor44,34. socor19,47.
-urro, cor39,45.

ŏr 41.
-auram, tesor41,29.
-ŏr, *subst. obl.* cor41,6,14,22,30,38,46.
-*ŏrit, muor41,13.
-*ŏro, demor41,37(-ŏrem, *subst.* amor).
-ŏrum, *subst.* for41,5. or41,21. *adv.*
defor41,45.

óra 3.
-*ŏrat, alugora3,36. assenhora 3,14.
desadolora3,3. dezacolora3,56. ena-
mora3,25.
-üerat, fora3,45.

órn (ór LW)2.12.
-orno, torn2,11(-urro, corL). 12,3
(-urro, corQ, -urnum, *subst.* jornV).
-*ornum, *Eigenname* Ventedorn2,1.
12,1. *subst.* cadorn12,8. *adj.* morn
[*ahd.* mornên]12,5.
-urno, sojorn12,6.
-urnum, forn12,12. jorn2,4. 12,10.
sojorn2,8.
-*urnum, dorn12,13.

órs 22.
-*ŏrem+s,*subst*:*m.*dolors22,41. honors
22,1. paors22,25. *f.* amors22,9.
-ŏres, *subst. obl. pl.* amadors 22,17.
adj. f. meillors22,33.
-*ursus, socors22,49.

ŏrt 25.
-*orte, fort25,66.
-ortem, sort25,62.
-*orto, deport25,72. desconort25,70.
-*ortum, *subst.* tort25,68. *st.* -ortuum,
part. prt. mort25,64.

ós 8.11.22.28.
-ŏnem+s, *subst*: *m.* bustos11,19. *f.*

chansos11,44. preisos22,51. sazos11,7.
28,49. traisos28,61.
-ōnes, *subst. obl. f.* messios 11,28.
occaizos11,32.
-*ōnes,*subst: obl.m.* aigros[ahd.heigro]
11,8. boissos11,10. sablos11,11. *f.*
chansos8,1,9. 28,67. faissos6,33.28,57.
tracios11,16.
-*ōnos, perdos11,17.
-*ōnus, *subst.* dos 28,56'). guizardos
8,28. 11,23. 28,52. *adj:* m. pros11,4.
22,27K. *f.* pros8,25. 28,50.
-ōnus, bos 8,36. 11,43. 22,3. 28,62.
-ōs, *pron. f.* vos8,4,44. 11,1,5. 28,59,66.
-ōsi, *subst.* enveios8,41.
-ōsos, *subst.* enios 22,11. 28,68.
-*ōsos, *adj.* amoros8,20K. 28,58.
-ōsum, *subst.* glorios11,37.
-*ōsum, *subst.* erbos11,38. *adj. obl:m.*
deleitos 11,40. doptos 22,35. *neutr.*
genolhos11,31. *st.* -onsum, *subst.*
respos11,34(-*ōsum, *adj.* amorosC'P
RS, -*ōsus, *adj.* amoros c). 28,60.
adv. a rescos28,51.
-ōsus, *adj.* enveios22,19. 28,54.
-*ōsus,*adj.*angoissos11,29.aziros11,26.
dezamoros 11,13. doloiros 11,2,22.
frachuros11,14. gelos11,25. jojos6,17.
orgoillos28,63. poderos28,64.
-üissem, fos8,12. 28,53.
-üisset, fos11,20,41. 22,43. 28,65.
-üos, dos28,55.

óza CR(ósa D*MS; óça)3.
-*ōsa, amoroza 3,2,24. doptoza 3,85.
ergulhoza3,46.
-*ōsam, angoissoza 3,13. vergonhoza
3,56.

uda 8.30.
-*ogitam, *subst.* cuda8,38.
-üda, nuda8,39.
-üta, *imper.* saluda8VII2C.
-*üta *subst.* ajuda8,30. *part. prt.* 8,7,
14,31,47,VI2C. 30,13. *st.* -itam,8,22,
46. 30,12.
-*ütam, *part. prt.* 8,23,VI3C. 30,6. *st.*
-itam, 8,6,VII3C.
-ütat, muda8,15. 30,5.

ui (uy) 29.
-*uchio, estui [*ahd.* stûchio] 29,45A
(-uo, estruiIKCDN, -ûco, desduiQ.
esduyR).
-ücit, aidui [*s.* adutz] 29,29. desdui
29,37. esdui29VI5A. redui29,22.
-üdit, conclui29,38(-ücit, conduiBCDo
MNR²Va. reduyR, -üic, *subst.* au-
truiS).
-ügit, fui29VI6A.
-*ügit, brui29,30.
-üi, *pron.* cui. *num.* amdui29,46. dui
29VIII2A.
-üic, *pron.* autrui29,6. celui29,13.

---

1) Die Hss. bieten in Ged. 28,56 drei Lesarten; In Hs. A(B) lautet die
Stelle:

C'us bes val d'autres dos
56. Quan forsa es d'amdos;

Hs. M liest:

Quan per forças datz fos,
während die übrigen Hss. [IKCDGNORa] die Lesart bieten:
»Qan per fors' es faitz dos«.

ŭit, destrui29,21.
-*ŭjo ?, sui [s. so] 29,14,VIII 1 A.

uoill 25AB(*oiU*DcFL, *uelh*CRa, *ueilh* M, *ueill*E, *oil*41a; *uell, ueil, uil*)9. 25.41.
-ŏculi, oill 25,46. 41,41.
ŏleo, duoill9,5. 41,43. suoill25,40. 41,33.
-*ŏleo, voill9,8. 25,44. 41,9.
-ŏlio, despuoill41,25.
-*ŏlio, orgoill 9,10.
-ŏlium, fuoill 9,4. 41,1.
-*ŏlium, bruoill 9,2. 41,3. orgoill 25,38. 41,17.
-olligit, acuoill 41,11.
-olligo, acuoill 9,12. 41,35 (-*ollio, tueilh M). cuoill 9,16. 25,42(-*ollio, toill D).
-olligum, *subst.* escuoill 41,19.
-*ollio *st.*-ollo, tuoill 9,13. 25,48. 41,27. (-olligo, cuell *f.* -*oleo, vuelha).

uoilla 25AB, 42A(*oilla*Dc, 27L, 42F, *uelha*C, 25R, 42R, *ueilha*42M, *uelle*X; *uella, ueilla, olla, oilha, ogla, uilla*) 9. 25. 26. 27. 42.
-ŏleam, duoilla9,6. 42,31. suoilla42,9A.
-*ŏleam, voilla25,5. 27,64.
-ŏleat, duoilla25,3. 27,34(-*ŏliat, orgoilla LO),61.
-*ŏleat, cabduoilla42,21. descabduoilla 26,37. voilla9,7. 26,16. 27,52.
-*oliam, bruoilla9,1. fuoilla9,3. 25,1. 26,2. 27,7(-*ŏleat, vuelhaC). 42,1.
-ŏliat, despuoilla 26,30. 27,43. 42,42.
-*ŏliat, broilla42,4. orgoilla9,9. 26,9. 42,22.
-*olliam *st.*-ollam, tuoilla25,9. 42,10, 46. 27,25(-*ŏleat, vuelhaCGMVa).
-*olliat, moilla42,43. *st.* -ollat, tuoilla 9,14. 27,25(-olligat, acueilha MV).
-olligam, cuoilla9,15.

-olligat, acuoilla9,10. 25,7 (-*ŏliat, orguoilla ABCDGLMPQRSTVa), 11 (-*ŏleat, vuellaV, -*olliat, tueilha a), 26,23. 27,16A. 42,25. cuoilla42,30.

ura (*ure*W)8. 13. 16. 24. 30. 44.
-iŏrat, mellura8VII4C. 13,14. 16,51. 24,18,48. 30,34. 44,8.
-ūra, *subst.* escritura30,40. mesura 13,41. natura16,40. *adj.* dura 8,5. 30,33. escura8,40 pura13,33. segura 8,48.
-*ūra, aventura16,8. 44,6. freidura44,4. verdura24,2. 44,12.
-ūram, *subst.* cura8,16. 13,5. 24,16. 44,19. mesura8,24. 13,23. 16,24. natura13,51. 24,8. *adj.* dura 16,48. pura24,42.
-ūram, *Eigenname* Mura? 8VII 1 C, *subst.* aventura8VI1C. bonaventura 13,15. 16,54. 24,10. 30,41. faitura 24,40. folatura 24,34. forfaitura 8,8. 16,16. 24,26E. freidura 13,6. parladura13,50. rancura8,29,VI4C. vestitura8,37. 44,13. *adj.* tafura8,45.
-ūrat, augura24,32. desmezura 44,17. dura13,24. 24,24.
-*ūrat, adreichura8,32. asegura16,32. 44,15. atura 8,13. desasegura13,32. desnatura44,2. faitura8,21.

utz IKACMRR*Va(*uz*DG, 12S, *uç* Q, 19N)12. 19.
-ūcit, adutz [s. aidui]12,40.
-ūtes, salutz 12,36. 19,15. vertutz 12,38,43.
-ūtus, *adj.* mutz19,7.
-*ūtus, *subst.* drutz [*ahd.* drût]12,41. 19,14. *st.* -ĭtus, *adj.* esperdutz19,1; *part. prt.* 12,29,34,44. 19,3,11. *st.* -ĭtus,12,31. 19,6,9.

Betonte Vocale.

Lat. *a*.

a = prov. *a*.

1. $a^c = a^{cc}$: *al*[1]), *ar*[2]), *ama, ana, atz*[3]), *ag*[4]), *ara*, = ∞: *ada, at, as*[5]).

---

1) Neben -*al* (=-*ale*, -*alem*, -*alet*, -*ali*, -*alum*) finden wir bei Bern.
v. Vent. auch -*au*. Gleiches lässt sich constatiren für Aim. de Peg. und
zwar gebraucht derselbe -*al* in Ged. 43 = *sal* (-*alvet*, 3. sg. cj. prs.), in
d. Ged. 11, 23, 40, 52 nicht beweisend, -*als* in d. Ged. 17, 28, 38, 42,
45 nicht beweisend, -*au* in Ged. 31 = *lau* (-*audo*). Folgenden Worten
begegnen wir in doppelter Gestalt: *aital-aitau, coral-corau, leial-liau,
natural-naturau*. Bei nachstehenden Dichtern finden sich zwar beide
Formen im Reime, doch kann immer nur die Form mit zu *u* aufgelöstem
l gesichert werden, so bei B. d. B. -*al* 12, 21, -*au* 19=*lau* (-*audet*, 3. sg.
cj. prs.), -*aus* 5=*enclaus* (-*ausus*, part. prt.) 35 = *paus* (-**ausum*, subst.).
Guill. Adem. -*al* 7, -*aus* 11=*laus* (-*audes*, subst. obl. pl.), Guir. de Born.
-*al*3,74. -*als*71,72 -*aus*67=*laus*(-*audem*+*s*), P. Vidal -*al*4,27,32,36,49. -*als*7,
-*au* 24 = *lau* (-*audo*), Pons de la Garda *al* 4, *au* 3 = *lau* (-*audem*, subst.),
Raimb. d'Aur. -*al* 9,14, -*als* 2, -*aus* 18 = *enclaus*(-*ausum*, part. prt.). —
Als beweisend für Erhaltung von *l* (in -*al*...) dürfen Bindungen mit *ll*
(in -*all*...) nicht berbeigezogen werden, da auch *ll* in *u* aufgelöst werden konnte. Dem Rimarium hinter dem Donatus provincialis
(s. S. 111 ed. Stengel) nach schien diese Auflösung nicht eintreten zu
können, doch mögen folgende Beispiele das Gegentheil beweisen: B. d. B.
35*cavaus(-allos)=paus*(-**ausum*, subst.) Guill. IX. 7 *chevau*(-*allum*), *jau*
(-*allum*, subst.) = *contraclau*(-*avem*, subst.), Gir. de Ross. 113 *vassau*
(-**allem*)=*frau*(-*audem*, subst.). — Einige Dichter scheinen Worte mit
aufgelöstem *l* überhaupt nicht verwandt zu haben; obgleich wir bei den-
selben Reime auf -*au* finden, begegnen wir unter den einzelnen Worten
keinem, das auf lat. -*al* zurückgeht. Dies lässt sich nachweisen bei P.
Brem. (Ric. Nov.) *au* 16, *al* 14 P. Card. *au* 13. *al* 16,17, 37,63 -*als* § 32,3;
28,42,69, Sordels *au* 28, *als* 34. — Raim. Vidal hält die Formen auf *al* für
correcter (Ras. s. S. 85,86 ed. Stengel).

2) Wie unser Dichter gleichzeitig (*far*) und [*faire*] im Reime verwendet, so auch Aim. de Peg. 30,46:2✗,47,52 (2,19,44,50) 21,41,42,45[-],
Alb. de Sest. 14(-)15:2✗[-], Arn. de Mar. 8,15(12)5:2✗,12:2✗,19,23:2✗
[21], Bereng. de Palaz. 10(-) 4:2✗[-], Bern. Marti 7(-)8|-], Bertol.Zorgi
5:2✗, 8:2✗, 17(13,15)7:2✗[-], B. d. B. 21:2✗,35:3✗, 39,43 (1,7,15,
33,45) 26:2✗, 38[43], Caden. 10:3✗, 23(-) 4:2✗, 9,12,22:4✗,23[-], El.
Cair. 10,13:2✗, 14(3) 11:3✗[9] Esperd. 3(-)2[-], Folq. de Lunel § 32,15;
1:2✗, 5(-) § 32,15[-], Folq. de Mars. 8,20(13)24:4✗[-], Folq. de Rom. 6,

Comj. (-)4:3×[-], Gauc. Faid. 4:2×, 5,19,37,41,42:5×,55(13,18,63)4 : 2×, 7,22:2×, 33: 2×, 36: 2×38:2×[-],Guigo l(-)2:3×[-],Guill. Adem.3:2×, 7(12) 2[-], Guill. de Berg. 3,11 (§ 29,7; 5,6) l [6,17,22], Guill. Fig. 2,4(-)2:2× [-], Guill. de S. Leid. 4(6)2:2×, 8,9:2×[16] Guir. de Born. 1,7:2×, 11, 31,32,33,38:2×,45,50,63,78(3,24,55,60,61,74)2:2×,12,16,18:2×[36,61,64,67], Guir. Riq. 2,14:2×,15,16,19,30,37,45 : 2×, 46 : 2×, 49,53,59,61:2×, 63,68, 76:2×, 79,87,88: 2× (3,7.22,24,27,57,60,70) 15,32,38,40,49,51,66 [73,78], Joj. de Tol. 1(-) 1 [-], Mrcbr. 8,15,29 (1,19,20,23,32,40,43) 5:2×, 9 : 2×, 17,30 : 2×, 32:2×[24], P. d'Alv. 10,14(1,17)2,18,23 [-], P. Card. 9,12,36.42 : 2×, 63,66 (42,67) § 32,3; 2,27:3×, 45,48:2×, 52,69[-], P. Raim. de Tol. 3(1,8,16) 9:2×,10[-], P. Vidal 22,30,37,43:2×(2,23,24,44)1,12[-], Pons de Capd. 16, 18,25,27 (22)8,22[-], Raimb. d'Aur. 19,39:2×(18,25)22,32:2×[-], Raim. Gauc.de Bez. 9:2×(1)4:2[-], Sordel 2,7,12,18,20,23,24(1,3,31)1,12[-]. Da- gegen begegnen wir: nur *far* bei Dalf. d'Alv. 7(3)[9], Guir. de Cal. 11 (7)[6], Lamb. de Bon. 7:3×,8(-)[6], Raimb. de Vaq. 20:2×,21,23(3,4.11, 32)[7,32], nur *faire* bei Guill. Aug. 3:2×,5[1](3), Peirol 3:2×, 11:2×, 15:2×,17:2×,30[-](12,33). — Hier möge gleich bemerkt sein, dass ich beim Vorkommen von Doppelformen die Belege in folgender Weise citirte: Die vor ( ) oder [ ] stehenden Zahlen bezeichnen die Gedichte, in denen das fragliche Wort enthalten ist, während die in den Klammern eingeschlossenen Zahlen die Gedichte angeben, in denen zwar die be- treffende Reimreihe vorkommt, aber nicht das fragliche Wort. Bei Nennung der Doppelformen wird von mir jedesmal die Art der Klammer für jede Form angegeben.

3) Bern. v. Vent. verwendet im Reime (*plai*) und [*platz*] 3.sg.praes.; sonst finden sich beide Formen bei Aim. de Bel. 4,11(20)6[9,10,18], Aim- de Peg. 10,44(25) 16,19,28 [4,6,34,44,45,50,53], Arn. de Mar. 2(11,22)18,21 [1,3,14,19 20,22] Bern. de Tot-lo-mon 1:4×,2,3(-) 2:2×[-], Bertr. d'Alam. 12,23 (20) 11 : 3×[4,8,13,17], Bonif. Calvo 13(14)4,6,7,11,13 : 2×[5,8,10], Caden. 3,17 (20,21) 12,21 [7,13,18,22,24,25], El. Cair. 10(1,3) 1,3,6,8,12:5× im Refrain, 13:2×[14], Folq. 1:3×(-)2[-], Folq. de Mars. 18(-)20,27:2× [9,16,26], Folq. de Rom: Comj. (-) 11,13, Comj. [4,10], Gauc. Estaca 1(-)1[-], Gauc. Faid. 11,44a, 51:2×(2,3,18,63) 7,18,32,47:2×,56,61,62[12, 15,63], Guill. Anel. de Tol. 1:2×(-)2[-], Guill. de Berg. § 29,7(-)14 [§ 29, 7; 3,6], Guiraudo lo Ros 1(-)6[-], Guir. de Born. 2:2×(3,18,19,26,29,34, 39,48,61,63,65,68,73,78,81) 5,6:2×, 9,12:2×, 15,25,33,36,39,40,16:2×,47,48,52, 53,57,58,62,64,65,68 : 2×, 70,73,81 [3,20,23,30,31,35,42,51,56,69,71], Guir. de Cal. 1(5)5,10:2×[6,7], Guir. Riq. 5,26,40,43:3×,51,59:2×, 64,82:2×(1,68) 9,15,20,23,28:2×,39,43,47,65,67,72:3×,83,89:2×[4,6,12,36,48,52,56,62,81,87], Guir. de Sal. 5(-)4[-], Jaufre Rud. de Blaja 2(-)2[-], Lanfr. Cigala 22,25 (3)9:6×,15:3×, 17,18:2×, 20,22,25 [2,8,11,23], Paul. de Mars. 2(-)2[-], P. d'Alv. 6:2×(16,23) 10a[17,19,21], P. Card. 9,46,58 (§ 32,3; 10,36,42,50,52) 52,64[§ 32,3; 3,7,26,32,33,34,43,51,62,69], P. Raim. de Tol. 1,20(13) 15[-], P. Vidal 38 (22,23) 3,10,16,30,31,44,45 [32,48], Peirol 8,17,22 (2,7,9,10,14,15,26) 1:2×, 2:2×,18,26,30[6,7], Pons de la Garda 6:2×(3)4:2×, 6:2×, 7[-], Raimb. d'Aur.8,17:2×, 19,37(-)3:2×[9], Raimb. de Vaq. 7,32(16,29)22[7, 8,19,26,30,32], Ralm Bist. d'Arle 2(-)4[3], Serv. de Gir. 13:3×(2,14)2,13, 14 [9,10], Sordel 23(31,36) 12,25:2×, 26,29,31,35 [14,16,36], Uc de Matapl. 2(-)1[-], in dem anonym. Ged. 461,104:1×(-)1×[-]. — Nur *plai* findet sich bei Aug. Nov. 3(-)[3], El. de Barj. 8,11(12,13)[7], Gui d'Uis. 7:3× (17)[16], Guill. Aug. 5(-)[1], Guill. de S. Leid. 6(-)[1,10], Guill. de la Tor 1:2×(2,7,9)[2,9], Guir. d'Esp. 4,8:2×(14)[8], Uc de S. Circ 1,7,21 (28,40,41)[20,29]. — Nur *platz* bei Blacatz 6:2×[1,7](1,6), Daude de

25

2. $a^{\infty} = \infty$: *an*[1]), *anda, ansa, ans, atge, alha, anha.*

Pradas8,18[15](9b), Guill. Fig. 6[2,5](6), Jan. d'Entrev. 1[-](12), Mrcbr.
1[16,18,24,25,26,39,49] (16,20,25,29,31,32,43), Montan4[-](1), P. Rog. 4[2,7]
(6,7,9), Pons de Capd. 4,11,13,23[8,15,20](18), Raim. Mir. 16[14,29,34,38]
(33,41), in dem anonym. Ged. 461, 142a: 1×[-](1).

4) Bei P. Vidal begegnen wir *mai(-ajum)*22 und *mag*8, *plai* (obl. sg)
23 und *plag* (n. pl.)8.

5) Das Rimarium des Donatus provincialis unterscheidet *as larg* und
as estreit. Letzteres (= lat. *anus)* lautet im heutigen limousinischen
Dialect *o*; wir müssen also annehmen, dass *n* zunächst die Verdumpfung
von *a* zu *à* bewirkte.

1) Hierher sind auch die Verbalformen *an* und *fan* zu rechnen.
Gleich unserm Dichter brauchen sowohl *tal(an)*, resp. *tal(ans)* als *tal[en]*
resp. *tal[enz]* Aim. de Peg. 8,14,37,46,51(15,16,25,26,27,32,40,42,44,45,50) 2,
12,39,41,47,50[3,6,7,14,17,21,22,23,25,26,27,37,40,42,44,45]. Aim. de Sarl. 1(2)
3[-], Alb. de Sest. 10(16)8:2×,18:2×[2,10,15], Arn. Cat. 6(-)3[-], Arn.
de Mar. 3(-) -z(18)[3,4,19,25,26] -z 13,15,20[6,12,14,16], Bern. Marti 3(2)
4[-], Bertol. Zorgi 5,6,7(2,3,14,16,17)7,10,18,[2,8,12], B. Carb. 4(2,8,10,12,31,
32,36,39,48,60,69,87) -z(3,19,21,67,80,88)2,4,31,50,66.83[1,3,4,8,9,10,12,14,15,
17,18,19,22,25,32,34,35,41,43,53,54,57,63,67,68,70,75,80,81,82,88,89] -z [-],
Caden. 1:2×,3,17,18:2×, 21:2×, 25(1,7,9,19,20,23)-z 8,16(3,10)18,19:2×[1,
2,12,14,20,22,25]-z[5,6,16], Cavaire 1(-)1[-], Daude de Pradas 3(-) -z 1,17(-)
10,12,13[3,9a,14,15]-z[-], El. Cair. 10(1,11,12,13,14)-z(3)[1,4,5,6,8,10]-z[14],
Folq. de Mars. 9,17(3,7,13,24)-z(20)5,10,15,22,23[1,14,16,17]-z27[13,22,23],
Folq. de Rom. 2 (Conj.) 6,9, Comj. [2,3,5,12], Gauc. Faid. 7,20,29,34,53,
55:2×,57,59(6,22,27,35,41,49,51,63)-z30,39,46(16)6,27,31,42,44,61,63:2×[1,
7,11,12,13,17,19,30a,32,35,36,51,56,60]-z5,28[57], Granet 5(1,2)1[4,5], Guill.
IX 1(-) -z(-)z:2×,12[7]-z10[11], Guill. Adem. 1(4)-z12(11)[3]-z1[7], Guill.
de Berg. § 29,7(3,21)15:2×[§ 29,7; 5,21], Guill. de S. Leid. 6,15(3,7,8)
-z14(-)6,15[4,5,8,10]-z[1,6,13], Guir. de Born. 5,6,30,31,39,41,42,47,53,56
(16,17,29,34,40,46,68,72,74,79) -z 15,29,37,49,55,62,71 (20,30,31,32,40,45,47,58,
59,66,74,76,78)2,3,77[13,18,19,22,28,31,34,39,40,41,42,48,56,61,63,68,78] -z8,12
[3,11,23,24,36,41,60,66,74,76], Guir. Riq. 42,48,51(3,4,11,15,22,26,34,49,
64) -z66(10,15,16,29,31,36,40,68,78,89)3,27,28,34[5,11,16,24,36,42,49,55,57,59,
69,71,75,78,80] -z[2,7,10,14,18,26,33,41,44,53,65,66,67,72,74,81], Lanfr. Cigala
8(4,7,9,12,16,17)6,15:2×,20[12,14,19,24,25], Mrcbr. 44(2,4,7,22,24,41)-z25
(20)10,24[11] -z[16,20,23,40,44], Mönch v. Foiss. 3(-)-z2(-)[2]-z1[-], P.
Card. 2:2×,34,52,54 (4,10,12,21,42,57,63,67a,68) 62[§ 32,3; 10,13,15,16,21,
27,29,32,34,37,42,43,46,49,51,55,59,60,63,67,67a,69], P. Raim. de Tol. 1,7:2×,
9,10(15)-z(13)6,8,16[1,5,17,18]-z[15], P.Vidal 33:2×(5,25,34,49)-z(22,24)
17,29:5×,46,50[1,3,4,8,10,21,32,35,38,39,40] -z22,24:2×,43,49[26,41], Peirol
2,4,10,13,14:2×,18:6× im Refrain, 29,32,34[8,16]6,8,17,22[1,3,4,5,10,18,
19,21,28,29,30], Perd. 14(1) -z(-)7[4,5,13]-z9[-], Pistol. 2:2×,4(-)4[3,5,7]
Pons de Capd. 5,17,27(1,4,7,8,23)11,18,19,25[1,2,5,6,7,9,20,21,22,24,26,27],
Pons de la Garda 1(6)-z6(-)2:3×[-]-z[-], Raimb. d'Aur. 4,37(9,17,19,33)
-z12(-)1,13,32[14]-z2,17,23,34[-], Raim.Gauc. 2,3(7)-z8,9(-)4[2,5,9]-z[1],
Raim. Jord. 8(6,9)6,7,11[-], Raim. Mirav. 3,27:2×,41,46(21,38,40,43,45)
-z 37(2,6,13,16)24,44[5,11,16,37,38,39,42] -z25,36[14,28,29,34], Sordel 23(3,
5,6,7,10,17,29,34) - z35(-)18:2×,27[1,5,11,12,21,23,26,29,31] -z2[9,13,20a],

2*

$a = $ prov. *ai.*

3. $a + \ddot{e}^c = a^c$ (vor *r*)+attr. *j (jr=rj; j=i)*, $a + $ compl. Gutt., $a + $ compl. Dent. *(dr, tr): aire.*

4. $a + $ Dent. $= a + $ Gutt., $a + $ compl. *c (ct)*, $a + j$, a^c (vor *s*) $+$ attr. *j (j=i)* $a + $ attr. *j (dj, bj, pj, gj, hj; j=ë, i)*, $au + $ attr. *j (dj; j=i): ai.*

5. $a + $ Gutt. $= a + j$, a^c (vor *s*)+attr. *j (j=i)*, $a + $ attr. *j (dj, bj, cj, hj; j=ë, i): aja.*

6. $a + $ compl. *c (cs=x)* $= a + c$, $a + $ attr. *j (hj; j=i): ais.*

$a = $ prov. *au.*

7. $a + o = a^c + o$, $a + $ zu *u* aufgelöst. Lab. *(b, v)*, $a + $ zu *u* aufgelöst. *l, au^c: au.*

8. $a + $ zu *u* aufgelöst. $v = a + $ zu *u* aufgelöst. *l, a + $ zu *u* aufgelöst. compl. *l, e + $ zu *u* aufgelöst. compl. *l: aus.*

9. $a + $ zu *u* aufgelöst. compl. $v = au^c$: *ausa.*

$a = $ prov. *è.*

10. $a + $ attr. *i=ë^c* (vor *d*), *e^{cc} (ss, st)*, *i^∞ (ps?): ès.*

Trob. de Villa-Arn. 2(-)2[-], Uc de S. Sirc 1,3,9,12,26(1,28,31,38,41)-*ε*(-) [3,7,15,17,18,29,31,34,39,40,41] -*ε* 20 [1,12,20,20*ι*,44], in dem anonym. Ged. 461,7:1×(-), 1×[-], im Gir. de Ross. 12,249,304:2 ×,476,645(86,148,238, 404,450,610,661)-*z*229,588(9,24,117,200,353,512,665)16,31,64,131,186,247,250, 299:2 ×,371,480,496,534:2 ×,570,572:2 ×,669[93,121,123,219,291,301,313, 326,403,412,453,500,527,591,616,639,642]-*z*[32,151,266,337,369,444,628,652]. — Nur *tal(an)* resp. *tal(anz)* bieten die Reime bei Alegret 1(-)[1], Arn. Dan. 4(1)[2], Bereng.de Palaz. 5,8,9(-)-*z*11(12)[6,9]-*z*[7,10], Bern. d'Auriac 2(-) [1,4], B. d. B. 12,17,28(4,21,22,26,34,40,42)-*z* 20(3)[18,41,42] -*z* [21,29,38] B. del Poj. 1(-)[2], Castel. 2(-)[1], Gausb. de Poic. 3,15(6,9)-*z*8,11(13)[1, 2,7,10,13]-*z*[6,14], Gen. lo Jogl. 1(-)[1], Gui d'Uis. 2,9,14,17,19(12)-*z*6(-) [3,6,15,18,19]-*z*[-], Guill. de Cabest. 4:2×(2)[5,6], Guill. Magret 1(-)[1,3], Guill. de la Tor 8(2,9)[2,6,9], Guir. de Cal. 6(1,5,11)-*z*(5)[4,5,10] -*z*[7], Jord. de l'isla de Ven. 1(-)[1], n'Jseus e n'Almac 2(-)[2], P. d'Alv. 16(-) [5,8,10,11,22], P. Rog. 2,4,6,9(-)[5], Preb. de Val. 1(-)[1], Uc de Pena 2(-)[1]. — Nur *tal(en)* resp.*tal(enz)* bei Aim. de Bel. 9,18[3,7,14](8,15), Bern. de Pradas 1[2](1,3), Bertran 2[-](-), B. d'Alam. 21[-](1,4,8,13,19), El. de Barj. 18[1,6,10,11](5), Guill. de Montaig. 10,11,12,14[2]-*z*13[-] (4,11)-*z*(-), Guionet 1,2[-](1), Joan d'Alb. 1[-](2,3), Oste 1[-](1), Paul. de Mars. 3,6[4,7](6), P. de Val. 3[-](1), Raimb. de Vaq. 8,19[-](17,19,22), Ralm. Bist. d'Arle 1[2](1,2,4,5), Uc Brun. 2[5,7]-*z*4[-](3)-*z*(4). — Nach Raim. Vidal (Ras. s. S. 86 ed. Stengel) wäre *talen* die richtigere Form.

$a =$ prov. *iè*.

11. a^c (vor r) $+$ attr. j ($jr = rj$; $j = i$) $= ae^c$, $\bar{e}^c$ (vor r): *ièr*'
$= e^{cc}$ und zwar (vor gr): *ièr*, *ièrs* (vor rv): *ièr*.

Lat. *e*.

$e =$ prov. *è*.

12. $\bar{e}^{a\,1}$) $= \bar{e}^{c\,2}$) $\bar{e}^{c\,3}$) $\bar{\imath}^c$: *é*.

1) *mi* für *me* ist im Reime zu belegen bei Aim. de Peg. 7,24,45,49,50,
Alb. de Sest. 11, Bern. de Bond. 1, B. d. B. 17, Blacatz 5, El. de Barj.
12, Folq. de Mars. 3,17, Gavauda 4,6, Gui d'Uis. 15, Guill. IX. 2, Guill.
Aug. 4,5, Guiraudo lo Ros 3, Guir. de Cal. 5, Guir. d'Esp. 2, Jaufre Rud.
de Blaja 3, Joan Esteve 5,8, Mrcbr. 26, Ozil de Cad. 1, Paul. de Mars.
3, P. Brem. (Ric. Nov.) 20, P. de Buss. 1, P. Vidal 2,50, Perd. 14, Raim.
Escriva 1, Raim. Jord. 2,4, Raim. Vidal 2, Ralm. Bist. d'Arle 2, Rich.
de Tarascon 2, Serv. de Gir. 14, Sordel 10, Turc Malec 1, Uc de Matapl.
1 *(si)*.

2) Die den Endungen -*ēdit* und -*ēdo* entsprechenden provenzalischen
Endungen sind nach den Rasos de trobar (Ras. s. S. 84 ed. Stengel) *é*
und *ei*. So finden wir bei Bern. v. Vent. *cre*($= -\bar{e}dit$) in Ged. 3,17.
36,44. *crei*($= -\bar{e}do$) in Ged. 24,22. Doch scheint unser Dichter *cre* und
crei mit Vorliebe gerade umgekehrt gebraucht zu haben. Zu den beiden
bereits von Raimon Vidal aus unserm Dichter citirten Stellen (Ged. 43,31.
41,36) führe ich noch folgende an: *crei*($= -\bar{e}dit$) Ged. 7,23. *cre*($= -\bar{e}do$)
Ged. 32,44. *recre* 32,20. 36,19. 43,53,59. Bern. v. Vent. steht übrigens im
Gebrauche dieser Formen, wir wir gleichfalls von Raimon Vidal erfahren,
Guiraut de Borneill und Peirol zur Seite und auch sonst finden sich
zahlreiche Belege. *cre* st. *crei*, so bei Aim. de Bel. 4, Aim. de Peg.
23,24,47,52, Bern. de Tot-lo-mon 2, B. de Paris de Roergue 1, Caden. 3,7,
9: ×(*cre* und *recre*), Castel. 2, (*cre*, *recre*: 2×) 3 (*recre*), Daude de Pradas
16, Folq. de Mars. 2 (*recre*: 2×),8,26, Gauc. Faid. 4,18, 29 (*recre*), 51 (*cre*,
recre), Guill. d'Autpol 1, Guill. de Cabest. 2, Guill. Fig. 2, Guill. P. de
Caz. 7, Guill. P. de Caz. 7, Guill. de S. Leid. 4 (*recre*), Guill. de la Tor
2, Guiraudo lo Ros 1,5, Guiraut 1, Guir. de Born. 34,48,71, Guir. Riq.
im Lehrgedicht »Qui conois et enten«, Guir. de Sal. 5, Lanfr. Cigala 4,
Mrcbr. 1, Paul. de Mars. 6, P. Brem. (Ric. Nov.) 7, P. Card. 3: 2×,42,
52, P. Rog. 5,8, P. Vidal 2,20, Peirol 23, Perd. 8 (*recre*), Pons de Capd.
10,16,19,20, Raimb. d'Aur. 11, Raimb. de Vaq. 12, Raim. de Casteln.
3 (*recre*), Ralm. Bist. d'Arle 4, Rofin 1, Uc de S. Circ 34, in dem anonym.
Ged. 461,79*a*. — Weit seltener ist *crei* st. *cre*, so bei Gauc. Faid. 64
(*recrey*), Guill. IX. 4, Mrcbr. 24, P. de Buss. 2: 2×.

merce und — *mercei* zugleich begegnen wir sonst bei Arn. de
Mar. 19,21,–11, B. d. B. 21,–31, Guill. d. Berg. § 27,7;–2; *merci* st.
merce bei Gauc Faid. 50, Guiraudo lo Ros 3, Guir. d'Esp. 7, Rainaut de
Tres-Sauz 2, in d. anonym. Ged. 461,148; *merces* und — *mercis* zugleich
zeigen Gauc. Faid: n. sg. 4,6,11,22,43,59, — obl. pl. 57, Gir. d. Ross:
obl. pl. 646,–521.

3) Für *re*(-*ēm*) finden wir *rei* bei B. d. B. 20, für *res*(-*ēs*): *rei* bei
Mrcbr. 1.

13. $\bar{e}^{c} = \bar{e}^{o}$: *éna*, *és* $= e^{cc}$: *és* $= oe^{c}$: *éna* $= \bar{r}$, i^{cc}: *éna*, *és* $= \infty$: *ér*.

14. $e^{cc} = oe^{\infty}$: *énta* $= \bar{r}$: *éns* $= i^{cc}$: *én*, *énsa*, *éns*, *égra*, *énha* $= \infty$: *énda*, *éndre*.

$$e = \text{prov. } ei.$$

15. $\bar{e}^{a}$ ¹) $= \bar{e} + d$, $\bar{e} + \text{Gutt.}$, $e + \text{compl. } c$, $\check{\imath} + e$, $i + \text{compl.}$ c, $\check{\imath} + \text{attr. } j$ (dj; $j = \ddot{e}$), $\check{\imath} + d$: *ei*.

16. $e + \text{attr. } j$ (dj, bj, vj; $j = \ddot{e}$, $\ddot{\imath}) = \check{\imath} + c$, $\check{\imath} + \text{attr. } j$ (dj; $j = \ddot{e}$, $\ddot{\imath}$): *eia*.

$$e = \text{prov. } \grave{e}.$$

17. $\grave{e}^{c}$ (vor d) $= e^{cc}$ (vor ss, st), $a + \text{attr. } i$, i^{cc} (vor ps?): *ès*.

18. e^{cc} ²) (vor ll) $= ae^{o}$ (vor l): $\grave{e}l = \infty$: *èlla*.

$$e = \text{prov. } i\grave{e}.$$

19. $\grave{e}^{o}$ (vor r) $= e^{cc}$ (vor gr): *ièr*, *ièrs* (vor rv): *ièr* $= ae^{c}$: *ièr* $= a^{c}$ (vor r) $+ \text{attr. } i$: *ièr*, *ièrs*.

$$e = \text{prov. } i.$$

20. $\bar{e}^{cc}$ ³) (vor ns) mit voraufgehend. $g = \bar{r}$, $\check{\imath} + \text{compl. } c$ ($cs = x$), $\bar{r}^{c}$ (vor ss, sc): *is*.

21. $\grave{e}^{v} = \check{\imath}^{v}$, $\check{\imath}^{c}$: *ia*.

---

1) In der franz. Form *mei*, *tei*, *sei* treffen wir die Pronomina *me*, *te*, *se* an bei Aim. de Bel. 7, Aim. de Sarl. 3, Bern. Sic. de Marv. 1, B. d. B. 31, Guill. de Cabest. 5, Joan Esteve 11, Jord. de Cof. 1, Mrcbr. 23, 24,25, P. Rog. 6, Ralm. Bist. d'Arle 2, Rich. I, 1 (*moi*), in d. anonym. Ged. 461,112; 461,190 (*moi soi*), im Gir. de Ross. 43,77,87.

2) *aissella* (Achselhöhle) kann nicht auf das classisch überlieferte *axilla* zurückgehen, da dies geschlossenen *e* Laut hätte ergeben müssen; es ist vielmehr auf *axella* zurückzuführen.

3) Das Provenzalische kennt neben (*païs*) auch [*paës*], doch wird letztere von unserm Dichter nicht gebraucht; dessgleichen findet sich nur *païs* bei Arn. de Mar. 11(7,8,9)[6,11,13,26], Folq. de Mars. 12(23)[14], Gauc. Faid. 2,9,20s (13,40,50,57)[4,6,11,22,40,43,46,59,63], Guill. de Cabest. 7,8(5)[5], Guir. de Born. 13,28(3,54,58,76)[3,4,7,16,19,24,27,31,33,34,40,50, 54,58,61,68,76], P. d'Alv. 3(7,10s,11,13,15)[11,16,21], Peirol 9,31 (-)[13,16, 20,26,32,34], Serv. de Gir. 6(14)[2,8,13,14], — während nur *paës* gebraucht wird von Aim. de Bel. 3[7](20), Gausb. de Poic 1(13), Guill. Adem. 3[7] (7,10), Guiraudo lo Ros 7[8](3), P. Card. 70[1,3,5,6,8,10,12,42,43,46,50,57, 59](§ 32,3; 10,20,41,43,44,63]. — Beide Formen zugleich bieten die Reime bei B. d'Alam. 15(-)15[10,12,21] B. d. B. 19(8)45[22,32,34,41], P. Vidal

$e = $ prov. *au.*

22. e ¹) $+$ zu *u* aufgelöst. compl. $l = a +$ zu *u* aufgelöst.
v, a + zu *u* aufgelöst. *l, a +* zu *u* aufgelöst. compl. *l: aus.*

Lat. *ĭ.*

$i = $ prov. *ĭ.*

23. $ĭ^v = ĭ^c$, $ĕ^v$: *ia.*

24. $ĭ^c = ĭ +$ compl. *c (ct): itz, (cs): is $= ĭ^c$* (vor *r*) $+$ attr. *j*
$(jr = rj; \ j = ï)$: *ire $= ĭ^{cc}$: ir, ira, ire, ic, iza, is $= ĭ +$ compl.*
g (gr) $= \infty$: ida, it, ina.

$ĭ = $ prov. *é.*

25. $ĭ^{o²}) = i^{cc}$: *éna, énz, és $= e^{cc}$: énz, és $= oe^c$: éna $= ē^v$: é*
$= ē^c$, $ĕ^c$: *éna, és, é.*

26. $i^{cc} = e^{cc}$: *én, énsa, énha, égra $= \infty$: élh, élha.*

$ĭ = $ prov. *ei.*

27. $ĭ + d = ĭ + c$, $ĭ +$ compl. *c (ct)*, $ĭ +$ attr. *j (dj; j $= ë$)*,
$ē +$ Gutt., $ē +$ compl. *c (ct)*, $ē + d$, $ē^v$: *ei.*

28. $ĭ + c = ĭ +$ attr. *j (dj; j $= ë$, ï), e +* attr. *j (dj, bj, vj;*
$j = ë$, ï): *eia.*

$ĭ(?) = $ prov. *è.*

29. i^{cc} (vor *ps?*) $= a +$ attr. *i, e^{cc}* (vor *ss, st*), $ĕ^c$ (vor *d*): *ès.*

27,33 (-) 8,35 [14,21,27,30,31,39,47], in d. Chans. de la Crois. 21,36 : 2×,38, 85 : 2×,129 : 2×(-)149 : 2×,171 : 2×, 202,210 : 2× [13,50,57,61,89,136], im Gir. de Ross. 27,165,220,292,432,521,537 : 2×,599,608(56,127,128,147,191,194,203, 279,282,310,396,437,543,546,581,647,647)318 [115,118,232,309,311,323,341,392, 441,457,484,505,565,631,646]. Stimming [B. d. B. Anmkg. 19,19.] hält *paës* für correcter.

1) In dem Adv. *sivaus* ($=$ lat. *vel+s*) ist vielleicht Angleichung an das Suffix *-alis* anzunehmen.

2) Für *fe(-ïdem)* finden wir *fei* auch bei Bern. Sic. de Marv. 1, Guill. IX. 4, Guill. de Cabest. 5, Guill. P. de Caz. 4 (daneben *fe* 8), Guir. d'Esp. 14, Jord. de Cof. 1, P. Card. 40 (daneben *fe* 11,13,42,52,58), Rich. I. 1 (*foi*). *vei(-ïdet)* st. *ve* ist im Reime zu belegen bei Aim. de Sarl. 3 (Ras. s. S. 84 ed. Stengel), umgekehrt *ve*[*i*] (*-ïdeo*) st. *vei* bei Guir. d'Esp. 16.

Das Adj. *cle* in der Redensart »*cap cle*« ist unserm Dichter eigenthümlich. Die übliche Form dafür ist *cli*, die häufig im Reime zu belegen ist.

Lat. *o.*

o = prov. *ó.*

30. δ^{c1}) = δ^{c}: ó[n], óna, ós = o^{cc}: ór = $\breve{u}^{c}$: ó[n] = u^{cc}: ór, órs = $\breve{u}^{v}$: ó[n], óra, ós = $\bar{u}^{c}$: ó[n], óna = ∞: ósa.

31. o^{cc} = u^{cc}: ón, ónda, órn.

o = prov. *ò.*

32. δ^{c} (vor *l*) = o^{cc} (vor *ll*, *lv*): òl.
o^{c}(vor *r*) = au^{c}: òr.

33. o^{cc} (vor *rt*) = ∞: òrt.

o = prov. *òi.*

34. δ + attr. *j (dj; j=ï)* = $\breve{u}$ + attr. *j (vj; j=ï), au* + attr. *j (dj; j=ï)*: òia.

o = prov. *uoi.*

35. δ + compl. *c (cl)* = δ^{c} (vor *l*) + attr. *j (= ë, ï),* o^{cc} (vor *ll*) + attr. *j (=ï, g)*: uoill.

36. δ^{c} (vor *l*) + attr. *j (= ë, ï)* = o^{cc} (vor *ll*) + attr. *j (=ï, g)*: uoilla.

o = prov. *ü.*

37. $\delta^{c\,2}$) mit voraufgehend. *i* = $\bar{u}^{c3}$): ura.

38. δ^{4})+compl. *g (gt)* = $\bar{u}^{c}$: uda.

---

1) Raimon Vidal erkennt neben dem Nomen *melhor* auch *melhur*, neben *peior* auch *peiur* an (Ras. s. S. 86 ed. Stengel) — sehr selten begegnen wir im Reime der zweiten Form; ich vermag dieselbe nur durch zwei Stellen zu belegen, so finden wir *peiurs*: obl. pl. bei Raimb. de Vaq. 5, n sg. bei Guir. de Born. 79.

2) Analog der Umwandlung des *ē* zu *i* in *païs*, finden wir hier den Uebergang von *o* zu *ü* in *melhura*; wie dort die Umbildung des *ē* zu *i* dem voraufgehendem *g* zuzuschreiben ist, so hat sich hier durch Einfluss des vorhergehenden *i* die Wandlung des *o* zu *ü* vollzogen.

3) Der Donatus provincialis unterscheidet »*ura larg*« und *ura estreit*«, doch wird diese Scheidung durch die Reime nicht bestätigt, da die Worte unter »*ura larg*« mit solchen unter »*ura estreit*« gebunden werden.

4) Nach Verwandlung des *g* zu *j* in *cogitam* vereinigte sich dieses mit *o* (=*oi*) und ergab dann den *ü* Laut.

Lat. *u.*

u = prov. *û.*

39. $\bar{u}^c$ [1]) $= o +$ compl. *g (gt)*: *uda* $= \bar{o}^c$ mit voraufgehend.
i: *uru* $= \infty$: *utz.*

u = prov. *uî.*

40 $\bar{u} + d = \bar{u} + c$, dem Diphthongen $\widehat{ui}$, *ŭ* + nachtonig.
erhalt. *i, ŭ + g, ă + j,*[2]) *ŭ* + attr. *j (chj; j = i): ui.*

u = prov. *ó.*

41. $\bar{u}^c$ [3]) $= \breve{u}^v$, *ŭ*^{c}: *ó[n]* $= \bar{o}^c$: *ó[n]*, *óna, óra, ós* $= \breve{o}^c$:
ó[n], ónu, ós.
42. *ŭ*$^v = \bar{o}^e$: *óra, ós* $= \breve{o}^c$: *ós.*
43. *u*$^{ce} = o^{cc}$: *ón, ónda, ór, órn, órs* $= \bar{o}^c$, *au*^{r}, *ŏ*^{c}: *ór.*

u = prov. *óî.*

44. *ă* + attr. *j (vj; j = i)* $= au$ + attr. *j (dj; j = i),*
ŏ + attr. *j (dj; j=i): óia.*

Diphthonge.

Lat. *ae.*

ae = prov. *è.*

45. *ae*^{c} (vor *l*) $= e^{cc}$ (vor *ll*): *èl.*

ae = prov. *iè.*

46. *ae*^{c} (vor *r)* $= \breve{e}^c$ (vor *r), e^{cc}* (vor *gr, rv), a^c (vor *r*)
+ attr. *i: ièr.*

---

1) Neben *adutz* gebraucht unser Dichter auch *aidui*; beiden Formen
begegnen wir auch bei Guir. de Born und zwar erstere in Ged. 12,
letztere in d. Ged. 47,62,71,73.
2) Bern. v. Vent. verwendet im Reime *sui* und *so* und zwar jede
Form 2 Mal; gleichfalls beide Formen sind anzutreffen bei Gauc. Faid.
50,—5, P. Raim. de Tol. 5:2✕,—13.
3) *jaon* (= *jejūnum*), *jeona* (= *jejūnat*), ähnlich den franz. Eigen-
namen *Laon* (= *Laudūnum*), *Lyon* (= *Lugdūnum*), daneben findet sich
dejunas, so bei P. Card. 27, *dejuna* im Roman de Flamenca s. Bartsch
Chr. IV 294,13.

Lat. *au.*

au = prov. *au.*

47. *au°* = *a* + Lab. *(b, v)*: *au* = *a* + compl. *v (vs)*: *ausa,*
a + zu *u* aufgelöst *l, a* + nachtonig. erhalt. *o: au.*

au = prov. *ó.*

48. *au•* ¹) = *ō͜ᶜ, oᶜᶜ, uᵒᶜ, ō͜ᶜ: ór.*

au = prov. *ói.*

49. *au* + attr. *j (dj; j = ï)* = *ŭ* + attr. *j (vj; j = ï),*
ō͜ + attr. *j (dj; j=ï): óia.*

au = prov. *ai.*

50. *au*²) + attr. *j (dj; j=ï)* = *a* + Gutt., *a* + compl.
c, a+j, aᶜ (vor *s*) + attr. *j (j = ï), a* + attr. *j (dj, bj, pj,*
gj, hj; j=ë, ï), a + Dent.:*ai.*

Lat. *oe.*

oe = prov. *é.*

51. *ū͜ᶜ* = *ē͜°, ī͜ᶜ, iᶜᶜ, ē͜ᶜ: éna.*
52. *oeᶜᶜ* = *eᶜᶜ: énta.*

Lat. *a͡i.*

a͡i = prov. *ui.*

53. *a͡iᵃ* = *a͡iᶜ, ū + c, ū + d, ŭ* + nachtonig. erhalt. *i,*
ŭ + g, ŭ + j, ŭ + attr. *j (chj; j = ï): ui,*

Nachtonige Vocale.
I. in letzter Silbe.
Lat. *a.*
a = prov. *a.*

54. *a* = ∞: *ia, uda, ada, aja, eia, óia, ira, égra, ausa,*
iza, élha, alha, uoilla, èlla, ama, ina, óna, ana, éna, anda, ónda,
énda, énta, énha, énsa, ansa, anha, ara, óra, ura, óza.

---

1) Mit Erhaltung von *au* finden wir *tesaur* bei P. Vidal 38 und in
dem Ged. über die sieben Freuden Marias von Gui Folqueys § 20,3
(Chr. IV 291,7.)
2) In *jai*(=*gaudium*).

Lat. *o*.

o = prov. *u*,

verschmolz. mit dem vorhergehend. Tonvoc.,

55. ᵛ*o*[1]) und ᶜ*o*[2]), s. 7.

Lat. *e, i, o, u*.

e, i, o, u = prov. ◌.

und zwar:

56. *e, i, u* = ◌ u, ∞: *é, aus,* = ∞: *ès, at, utz, al, òl*.

57. *e, i, o, u* = ◌ u. ∞: *ó[n], ai, au, ei, és, ós, ón,* = ∞: *aire, ir, ire, atz, itz, an, ic, is, élh, énz, én, ièr, òr*.

58. *e, o, u* = ∞: *anz, ar, ér, òrt*.

59. *e, u* = ∞: *ag, órs*.

60. *i, o* = ◌ u. ∞: *ui*.

61. *i, o, u* = ∞: *ais, woill*.

62. *i, u* = ∞: *atge, it*.

63. *o, u* = ∞: *ièrs, órn*.

64. *u* = ∞: *as*.

II. in vorletzter Silbe.

Lat. *e*.

e = prov. *i*,

verschmolz. mit dem vorhergehend. Tonvoc.

65. ᵛ*ĕ*ᶜ[3]), s. 3.

e = prov. ◌.

66. ᵛ*e*ᶜ = ◌: *óra*.

67. ᶜ*e*ᶜ = ◌: *ir, ire, ara, ira, égra, aire, ar* = ∞: *éndre*.

e im *Hiat* = prov. ◌.

68. : *ia (-īdeam): ónda (-ondeat): enta (-oeniteam): ausa (-ausea): izu (-ysscam): au (-audeo): ón (-ondeo)* = ◌.

---

1) In *estau*(=*stao*).
2) In *vau*(=*vado*), *fau*(=*faco*).
3) In *aire*(=*aĕrem*).

34

Lat. *i.*

i = prov. *i.*

verschmolz. mit dem vorhergehend. Tonvoc.,

69. ᶜ*i*ᶜ¹), s. 10.

i = prov. ◦.

70. ᵛ*i*ᶜ = ◦: ós.

71. ᶜ*i*º = ◦: *ausa, uda, élh, élha, ag, ai, ei, uoill,*
uoilla, énta.

i im Hiat = prov. ◦.

72. :*anda(-*andiam) énta(-entiam, -*entiam, -entiat)*: *ara*
(-aria) : *aire (-atriem, -*atrium):is (-ilios)* : *énz(-*emius)* : *ièrs*
*(-*ĕrius):ir(-*i derii, -i derium, -itrium):ire(-*i derii,-i derium):*
au(-audio): *an (-*andio)*: *én(=entio):ièr(-ervio):al(-*lium)*: *au*
*(*alium):ièr (-erium)* = ◦.

Lat. *u.*

u = prov. ◦.

73. ᶜ*u*ᶜ = ◦: *élh, élha, uòill.*

Stützvocal *e*
findet sich in den Reimreihen *aire, atge, ire, éndre* und
zwar ist derselbe gesichert durch Reimwechsel

74. *aire*: in Ged. 4 durch *ausa*, in Ged. 12 durch *ama*,
in Ged. 30 durch *ia*, in Ged. 37 durch *énta*, in Ged. 44 durch
óia, ura, — nicht gesichert in Ged. 29. —

75. *atge*: in Ged.19 durch *énda*, in Ged. 25 durch *uòilla,*

76. *ire*: in d. Ged. 4, 12, 30, durch dieselben Reime wie
aire in den gleichen Gedichten, in d.Ged. 9 u. 25 durch *uoilla,*
in Ged. 44 durch *ura* — nicht gesichert in d. Ged. 27,35. —

77. *éndre*: in Ged. 4 durch *ausa.*

Consonanten.
Lat. *d.*

d = prov. *d.*

78. ᵛ*d*ᵛ = ᵛ*t*ᵛ,ᵗ*t*ᵛ (nach zu *i* aufgelöst. u. vom Tonvoc. attr.
g): *uda.*

─────────
1) In den Endungen -*avissem, -avisset, -*avisset.*

79. $^cd^v = {^ct^v}$: *énda* $=$ ∞: *anda, ónda.*

80. $^cd^o = \bigcirc$: *éndre.*

$$d = \text{prov. } t.$$

81. ^vd s.a. $=$ ^vt s.a.: *it.*

$$d = \text{prov. } i,$$

verschmolz. mit dem vorhergehend. Tonvoc.

82. ^vd s.a., s. 4, 15, 27, 40.

83. $^vd^c$ (vor *r*), s. 3.

$$d = \text{prov. } \bigcirc.$$

84. $^vd^v = \bigcirc$, $^vc^v$: *ia au,* $= b, g, t$ in gl. St.:*ia.*

85. $^vd^c$ (vor *r*)$= \bigcirc$, *b* in gl. St.:*ir, ira, ire* $= v$ in gl. St. :*ira* $= c$ in gl. St.:*ir, ire* $=$ zu *i* aufgelöst. und mit dem Tonvoc. verschmolz. *g* in gl. St.:*ir* $= t$ in gl. St.:*ir, ire*; (vor *s*) $= \bigcirc$: *és, ès* $= p$ in gl. St.:*ès,* $= n$ in gl. St.:*és.*

86. ^cd s.a. $= \bigcirc$, ^ot s.a.: *an, én, ón,* $= {^ct^a}$: *an, ón.*

87. $^vd^o = {^vd}$ s.a., $\bigcirc$, $^vm^a$, ^vn s.a.: *é.*

Lat. *dj* ($j = \check{e}$, 1).

$$dj = \text{prov. } i,$$

verschmolz. mit dem vorhergehend. Tonvoc.

88. ^vdj, s. 4, 5, 16, 27, 28, 34.

$$dj = \text{prov. } tg \text{ (palat. Laut).}$$

89. $^vdj = {^vtj}$: *atge.*

Lat. *d+s.*

$$d + s = \text{prov. } z (s).$$

90. ^cd (nach *n*)$+ s^a = t$, *tj* (j - *i*) in gl. St., $^cs^a$ (nach *mn, nn*): *ans.*

Lat. *t.*

$$t = \text{prov. } t.$$

91. $^ct^v = \infty$: *énta.*

92. ^vt s.a. $=$ ^vd s.a.:*it* $= \infty$: *at.*

93. ^ct s.a. (nach *r*)$= \infty$: *òrt.*

t = prov. d.

94. 't' = 't' (nach zu i aufgelöst. und vom Tonvoc. attr.
g), 'd' : uda = ∞ : ada^1).

95. 't' = ' d': *énda.*

---

1) *via* für *vida*(=*vītam*) ist im Reime zu belegen bei:
E ja al jorn de ma via:sia
No serai d'autra jauzire. Aug Nov. 2.
— E se mais non ben ai amor servia
Eus servirai tot lo jorn de ma via : partria (1 sg. cond.). Guill. de Cabest. 7.
-- Canc a nuill jorn de ma via : manentia (subst. obl.)
No voill far autre labor. Lamb 1.
— Offensio no us fis jorn de ma via:sia
Ni en ferai, comque m'en dega prendre. Lamb. de Bon. 9.
— Domna merces quar maves onrat tan
Vostre sui e serai a ma via:poiria (3. sg. cond.). Lanfr. Cigala. 4.
— Ni ai cor que m'en desapil
Si m dures mil ans ma via:sia. id. 5.
— En Bonifaz es clamatz falsamen
Car anc bon faig non sap far a sa via:sia. id. 6.
via und *vida* zugleich begegnen wir bei P. Card. 11
Donan me mis en sa merce
Me, mon cor e ma via:sia —.
Sel jorn lur salva la vida:marrida (adj. obl.),
in den anonym. Ged. 461, 92.
Donna pos vos ay chausida
Faz me bel semblan
Quieu suy a tota ma vida
A vostre coman,
A vostre coman seray
A totz los jors de ma via
E ja de vos non partray
Per degun autra que sia.
oblia für *oblida* finden wir bei:
B. Carb. 16:*sia*, P. d'Alv. 22:*Maria*, P. Card. 11:*sia*.
das part. pract. auf *-ia* st. *-ida* bei:
Beatritz de Dia 2. *trahia*:*sia*, Guill. de Cabest. s. oben »*via* für
vida«, Rich. de Berb. 9. *servia*: *seignoria* (subst. n.).

Im Provenzalischen findet sich auch:[*guida*] und (*guia*); Bern. v. Vent.
kennt nur die erstere, ebenso Arn Dan. 12[2,16](16), Arn. de Mar. 22[-]
(5,7,17,20,21), Cercam. 2[-](1), Daude de Pradas 4[-](1,4), Guill. Raim. de
Gir. 3:2×[-](3), Guir. de Born. 2[76](2,18,28,31,35,61,64,66,70), P. Vidal
6,44[42](7,13,43,46), Raimb. d'Aur. 35 [-](11), Raimb. de Vaq. 7[9](9,11,
12,26,32), während nur *guia* anzutreffen ist bei Lanfr. Cigala 5,23(2,4,6,10,16,
17)[2]. — Beide Formen zugleich gebrauchen Bertol. Zorgi 3,6[-]5(7,9,17),
Mrebr. 26: 2×, 36[42]32(10,24,25,27,30,42,44), P. Card. 27[10]38,45,70 (§ 32,
3; 1,4,6,8,10,11,12,19,25,26,27,31,41,16,52,66,67), Uc de S. Circ 18[-]40(4,7,
9,17,20,21,26,30,40). —

$t=$ prov. *t.*

verschmolz. mit dem vorhergehend. Tonvoc.

96. ᵛtᶜ (vor *r*), s. 3.
97. ᵛtᵃ, s. 4.

$t =$ prov. ○.

98. ᵛtᵛ ¹)$=$ ○, *b*, Gutt., *d* in gl. St.:*ia.*
99. ᵛtᶜ (vor *r*) $=$ ○, *b, c, d* in gl. St.: *ir ire*$=$zu *i* aufgelöst. und mit dem Tonvocal verschmolz. *g* in gl. St.: *ir.*
100. ᶜt s.a.$=$tᵃ: *ón, an, ès*$=$ ○: *ag, ui, ei, an, én, ès* $=$ mᵛ: *ès*$=$ᶜd s.a.: *an, én, ón.*
101. ᵛtᵃ$=$ᶜtᵃ (nach *s*): *és* $=$ ○: *ada, aja, alha, ama, ana, anha, ansa, ausa, eia, élha, énha, ia, ida, ina, oia, óna, ónda, uda, ura; aire, al, ar, atz, au, élh, ic, ir, ire, ós; ui, an, é, ei, és, is, ó*[*n*], *òl; ais, én, énz, ièr, ón, ór, ui, uoil, utz* $=$ mᵛ: *ada, aja, alha, ama, ana, anda, anha, ansa, ausa, égra, eiu, élha, èlla, éna, énda, ènha, énsa, énta, ia, ida, ina, iru, iza, oiu, óna, ónda, uda, uòilla, ura; aire, al, ar, atz, au, élh, ic, ir, ire, ós; ai, an, é, ei, és, is, ó*[*n*], *òl; én, ièr, it, itz, ón, ór, uoill* $=$ ∞: *óra.*

Lat. *tj (j* $=$ *i).*

tj $=$ prov. `tz.

102. ᵛtj s.a. $=$ ᵛt $+$ sᵃ, *ç, cj, chj (j*$=$*ï)* in gl. St.: *atz.*

tj $=$ prov. *z(s).*

103. ᶜtj (nach *n*) s.a. $=$ ᶜt (nach *n, nc*)$+$sᵃ, ᶜç (nach *n*) s.a., ᶜsᵃ (nach *m, n, gn, nn*), ᶜs (nach *nc*) s.a.: *énz.*

tj $=$ prov. *tg* (palat. Laut).

104. ᵛtj $=$ ᵛdj : *atge.*

1) Von den Doppelformen (*cria*) und [*crida*] kennt unser Dichter nur *cria*, desgleichen Raimb. d'Aur. 11(-) [35], dagegen ist nur *crida* zu belegen bei Bern. Marti 8[-](5,6), Gui d'Uis. 12[15](3,11,13,16,18), Gauc. Faid. 47[-](3,9,14,15,41,43,44,51,55,62), Mrcbr. 26,36[42](10,24,25,27,30,32, 42,14), P. Raim. de Tol. 12[-](5), Uc de S. Circ 18[-](4,7,9,17,20,21,26,30, 40). — *cria* und *crida* zugleich finden wir im Reime bei Cercam. 1(-) 2[-],Perd. 15(1)13[-], Raimb. de Vaq. 32(11,12,19,26)9[7].

38

$$tj = \text{prov. } \textbf{s.}$$

105. ˙tj (nach *n*)= *cj* (*j*=ĕ, ĭ) in gl. St.: *ansa, énsa.*

Lat. *tj* (*j* = ĭ) + *s.*

$$tj + s = \text{prov. } \textbf{z.}$$

106. ˙*tj* (nach *n*)+*s*ᵃ = *d, t* in gl. St., ᶜ*s*ᵃ (nach *mn, nn*): *ans.*

Lat. *t+s.*

$$t + s = \text{prov. } \textbf{tz.}$$

107. ˙*t+s*ᵃ =ᵉ*t* (nach zu *i* aufgelöst. und mit dem Tonvoc.
verschmolz. *c*)+*s*ᵃ: *itz* = ˙ç s.a.: *itz, utz.*

Labiale.

Lat. *b.*

$$b = \text{prov. } \textbf{u,}$$

verschmolz. mit dem vorhergehend. Tonvoc.,

108. ˙*b* s.a., s. 7.

$$b = \text{prov. } \circ.$$

109. ˙*b*ᵛ = ⊙, Dent., Gutt. in gl. St.: *ia.*
110. ˙*b*ᶜ = ⊙: *ir, ira, ire, an* [1]), *égra* = Dent. in gl. St.:
ir, ire = ˙*d*ᶜ: *ira,* ˙*c*ᶜ: *ir, ire, an* =zu *i* aufgelöst. und mit dem
Tonvoc. verschmolz. *g* in gl. St.: *ir* = ˙*v*ᶜ: *ira.*

Lat. *bj* (*j* = ĕ, ĭ).

$$bj = \text{prov. } \textbf{i,}$$

verschmolz. mit dem vorhergehend. Tonvoc.

111. ˙*bj,* s. 4, 5, 16.

Lat. *p.*

$$p = \text{prov. } \circ.$$

112. ˙*p*ᶜ (vor *s*) = ⊙, *s, d* in gl. St.:*ès.*

---

1) In *degra*(=*débueram*) nehme ich Consonantirung des nachtonigen
u zu *v* an; aus *debveram* entstand durch weitere Assimilation von *b*
»*dewram*« und weiter *degra.*

Lat. *pj (j = t),*

pj = prov. *t.*

verschmolz. mit dem vorhergehend. Tonvoc.,

113. ᵛ*pj*, s. 4.

Lat. *v.*

v = prov. *u,*

verschmolz. mit dem vorhergehend. Tonvoc.,

114. ᵛ*v* s.a., s. 7.
115. ᵛ*vᶜ*, s. 9.

v = prov. *g.*

116. ᵛ*vᶜ* ¹) = ᶜ*vʳ*, ᵛ*gᶜ*: *égra*, s. Anmkg. zu 110.

v = prov. ○.

117. ᵛ*vᵛ* = ○: *ès.*
118. ᵛ*vᶜ* = ○, *d, b* in gl. St.: *ira.*
119. ᶜ*v* s.a. = ○: *ic, al, òl, ierˀ).*

Lat. *vj (j = t)*

vj = prov. *t.*

verschmolz. mit dem vorhergehend. Tonvoc,

120. ᵛ*vj*, s. 16, 34.

Guturale.

Lat. *g.*

g = prov. *g.*

121. ᵛ*g* s.a. = ᵛ*cᶜ* s.a., germ: *ht, jd* in gl. St.:*ug.*
122. ᵛ*gᶜ* ⁸) (vor *r*) = *v* in gl. St.:*égra.*

g = prov. *c.*

123. ᵛ*g* s.a. = *c* in gl. St., ᵛ*cᶜ* (vor *v*) s.a., germ. *ch* in gl. St., germ. ᵛ*hᶜ* (vor *v*) s.a.:*ic.*

---

1) Das Condit. auf *égra* habe ich bei andern Dichtern im Reime nicht constatiren können. Der Uebergang von *bv* zu *g* erinnert an die Verwandlung von germ. *w* in rom. *g.*
2) In *sier(=serv(i)o).*
3) *negra (nigram).*

$g =$ prov. *i,*

verschmolz. mit dem vorhergehend. Tonvoc.,

124. *'g,* s. 4, 5, 15, 40.

125. *'g^c,* s. 3, 24, 38.

$g =$ prov. $\circ$.

126. *'g^v* $= \circ$, Dent., *b, c* in gl. St.: *ia.*

127. *'g^e* (vor *r*) $= \circ : \ddot{u}r,$ *ièrs.*

Lat. *gj*

gj = prov. *i,*

verschmolz. mit dem vorhergehend. Tonvoc.,

128. *'gj* s.a., s. 4.

Lat. *gl, llg* s. *l; gn, ng* s *n.*

Lat. *c (= k)*

c = prov. *c.*

129. *'c* s. a. $=$ *'c^c* (vor *v*) s. a., *g,* germ. *ch* in gl. St., germ. *'h^c* (vor *v*) s.a.: *ic.*

c = prov. *g.*

130. *'c^s* s.a. $=$ *'g* s.a., germ: *ht, jd* in gl. St.: *ag.*

c = prov. *i,*

verschmolz. mit dem vorhergehend. Tonvoc.,

131. *'c^v,* s. 5, 16.

132. *'c^c,* s. [1]) 24, 3, 6.

133. *'c^c* s.a., s. 4, 27.

134. *'c* s.a., s. [2]) 4, 15, 40.

135. *'c^s,* s. 4.

---

1) In *ditz(-*ictos*), in *dis(-ixit; x = cs).*

2) Die Formen *trai, retrai* entsprechend lat. -*aco* (für -*aho*) werden von Raim. Vidal als fehlerhaft bezeichnet (Ras., s. S.82, 83 ed. Stengel). Er citirt hierfür 2 Beispiele aus unserm Dichter, nämlich Ged. 7AV3 und 43,34, denen ich als weitere hinzufüge: *trai* 25AVII2, *retrai*7,35. 37,44. Die correcten Formen sind nach ihm vielmehr *trac, retrac,* während die erst genannten der lat. Endung -*acit* (für -*ahit*) angehören. In gleicher Weise finden wir *trai* für *trac* bei Aim. de Peg. 25., El. Fons.

$c = \text{prov.} \; \circ.$

136. $^{v}c^{v} = \circ$: *ia*, *au*, *atge* = $^{v}d^{v}$: *ia*, *au* = *t*, *b*, *g* in gl.
St.: *ia*.

137. $^{v}c^{c} = \circ$: *an*, *ar*, *ir*, *ire*,[1]) *is* = Dent, *b* in gl. St.: *an*,
ir, *ire*, *is* = *l*, *n* in gl. St.: *is* = zu *i* aufgelöst. und mit dem
Tonvoc. verschmolz. *g*:*ir*.

138. $^{v}c^{v} = \circ$: *ui* = *m*, *n* in gl. St.: *ó*[*n*] = $^{v}t^{v}$: *ui* = ^{v}n
s.a.: *ó*[*n*].

139. ^{o}c (nach *s*) s.a. = $\circ$: *is*.

Lat. *cj* (*j* = *ĕ*)
cj = prov. *í*,
verschmolz. mit dem vorhergehend. Tonvoc.,

140. $^{v}cj^{v}$, s. 5.

Lat. *cl*, s. *l*.

Lat. *ç*.
ς = prov. *z(s)*.

141. $^{o}\varsigma$ (nach *n*) s.a. = ^{c}t (nach *n*, *nc*) + *s*ᵃ, *tj* (*j* = *i*) in
gl. St., *s*ᵃ (nach *nn*, *gn*, *m*, *n*): *énz*.

ς = prov. *tz*.

142. $^{v}\varsigma$ ᵃ) s.a. = ^{v}t + *s*ᵃ: *atz*, *itz*, *utz* = *tj*, *chj* *çj* (*j* = *i*) in
gl. St.: *atz*.

1, Gauc. Faid. 2 *estrai* 44ₐ, Guill. de S. Leid. 6, Guiraudo lo Ros 1, Guir-
de Born. 68, Guir. d'Esp. 14, Lamb. de Bon. 1, Peirol 22, Raimb. d'Aur-
37, Raim. Jord. 7: 2✕, Rich. de Berb. 8, Rost. de Merg. 1. Sordel 23, im
Gir. de Ross. 4; *estrai* bei Daude de Pradas 9, El. de Barj. 11, *retrai*
bei P. Vidal 38.
1) Naoh Raim. Vidal (Ras, s. S. 87 ed.Stengel) ist *amics* die richtige
Form, während *amis* als französische Form von ihm getadelt wird.
Trotzdem wird *amis* resp. *enemis* häufig im Reime verwandt, so von
Arn. Dan. 16, Bonif. Calvo 17, Gaucelm 5, Gauc. Faid. 50, Guill. de
Cabest. 7, Lamb. de Bon. 6, Mönch v. Mout. 12, Palais 2, P. d'Alv. 10ₐ,
P. Milo 1, Pons de la Garda 4,5, Raim. Jord. 4, im Gir. de Ross. 165,
292,396,432,537,543,581,647, in d. Chans. d. l. Crois. 36,85,129. — Bisweilen
verwenden die Dichter *amis* resp. *enemis* und *amics* resp. *enemics* im
Reime, so Guir. de Born. 3,13, -72, P. d'Alv. 10ₐ,—15, P. Vidal 27,—38,
Raimb. de Vaq. 11,—24.
2) Wandlung von intervocalem lat. *c* zu prov. *s* zeigt sich in: *adus*
(-*ūcit*) = *plus* bei B. d. B. 6, *nos*(-*ocet*) = *dos* bei Raimb. de Vaq. 32,
plas(-*acet*)=*anaras* bei Gar. d' Apch. 2.

3*

ς = prov. *s*:
143. 'ς s.a. = *s, ss* in gl. St., $^c s$ s.a. (nach zu *i* aufgelöst.
und mit dem Tonvoc. verschmolz. *c*), *s*° (nach *l, n*): *is*.

Lat. *çj (j = i)*
çj = prov. *z(s)*.
144. '*çj*° = *s, ss* in gl. St.: *iza*.

çj = prov. *s*.
145. ^{c}*cj*° (nach *n*) = *tj* in gl. St.: *ansa, énsa*.

çj = prov. *tz*.
146. '*çj* s.a. = '*t+s*°; *tj, chj,* ς in gl. St.: *atz*.

Lat. *chj (j = i) + s*
chj + s = prov. *tz*.
147. '*chj + s*° = '*t + s*°; *tj,* ς, *çj* in gl. St.: *atz*.

Lat. *j*
j = prov. *i(j)*,
verschmolz. mit dem vorhergehend. Tonvoc.,
148. '*j*, s. 4, 5.
149. ^{c}*j (= i)* nach *r*, s. 3, 24, nach *s* s. 4, 5.

Germ. *jd*
jd = prov. *g*.
150. '*jd* s.a. = *g* in gl. St., $^v c$° (vor *t*), germ. *ht* in gl.
St.: *ag*.

Germ. *h*
h = prov. *c*.
151. '*h*° (vor *v*) = '*c* s.a., *c* in gl. St., germ. '*ch* s.a.,
'*g* s.a.: *ic*.

Germ. *ht*
ht = prov. *g*.
152. '*ht* s.a. = *g* in gl. St., $^v c$° (vor *t*), germ. *jd* in gl. St.: *ag*.

Germ. *hj (j = i)*
hj = prov. *i*,
verschmolz. mit dem vorhergehend. Tonvoc.,
153. '*hj*, s. 4, 5, 6.

Germ. *chj (j = i)*

chj = prov *i*,

verschmolz. mit dem vorhergehend. Tonvoc.,

154. ᵛ*chj*, s. 40.

Liquide.

Lat. *l*

l = prov. *l*.

155. ᵛ*l* s.a. = ᵛ*lᶜ*:*al*, *òl* = *ll* in gl. St.: *èl òl*.

l = prov. *u*,

verschmolz. mit dem vorhergehend. Tonvoc.,

156. ᵛ*l* s.a., s. 7, 8.

- 157. ᵛ*lᶜ* s. 8.

l. = prov. ○.

158. ᵛ*lᵒ* (vor *s*) = ○, *c*, *n* in gl. St.: *is*.

Lat. *ll*

ll = prov. *ll*.

159. ᵛ*llᵛ* = ∞: *ella*.

ll = prov *l*.

160. ᵛ*ll* s.a. = ᵛ*lᶜ* s.a.; *l* in gl. St.: *òl*.

Lat. *lj(j = ě, i)*, *gl*, *cl*, *llj(j=i)*, *llg*.

lj, *gl*, *cl*, *llj*, *llg* = prov. *lj*.

161. ᵛ*lj* = ᵛ*llj*:*alha*, *uoilla*, *uoill* = *llg*:*uoilla*, *uoill* = *gl*: *élha*, *élh* = *cl*:*élha*, *élh*, *uoill*.

Lat. *m*.

m = prov. *m*.

162. ᵛ*mᵛ* = ᵛ*mmᵛ* : *ama*.

m = prov. *n*.

163. ᵛ*mᵒ* (vor *s*) = *n*, *m*, *gn* in gl.St., ᵛ*ncᵒ* (vor *s*, *t+s*):*énz*.

m = prov. ○.

164. *mᵛ* = ○: *ada*, *aja*, *alha*, *ama*, *ana*, *anha*, *ansa*, *ara*, *ausa*, *eia*, *élha*, *énha*, *ia*, *idu*, *ina*, *óia*, *óna*, *ónda*, *óza*, *uda*, *ura*; *aire*, *ul*, *an*, *ar*, *at*, *atz*, *é*, *ei*, *én*, *és*, *ès*, *ir*, *ire*, *is*, *ó[n]*,

ón, ór, òr, òrt, ós; ag, ai, atge, élh, ér, ic, ièr, órn, uoill = t·: ada,
aja, alha, ama, ana, andá, anha, ansa, ausa, égra, eia, élha,
èlla, éna, énda, énka, énsa, énta, ia, ida, ina, ira, isa, òia, óna.
ónda, uda, uóilla, ura; aire, al, an, ar, at, atz, é, ei, én, és,
ès, ir, ire, is, ó(n), ón, ór, òr, ós; ai, élh, ic, ièr, it, òl, uoill = ∞ : èl.

Lat. mm

$$mm = \text{prov. } m.$$

165. 'mm' =' m' : ama.

Lat. mn

$$mn = \text{prov. } n.$$

166. 'mn° = nn, n in gl. St.: anz.

Lat. n

$$n = \text{prov. } n.$$

167.. 'n' = 'nn' : ana, éna = ∞ : ina, óna.
168. 'n° = 'nn° : anz, énz = 'mn° : anz = 'gn° : énz = ∞ :
anda, énda, ónda, énta, ansa, énsa, éndre.
169. 'n° s.a. = °n° s.a., 'nn s.a., 'mn s.a. : an = ∞ : ón.
170. °n s.a. = ∞ : órn.

$$n = \text{prov. } \circ.[1])$$

171. 'n° = ○ : és, is, ós = 'd° : és = c, l in gl. St. : is = ∞ : as.
172. 'n s.a. = 'n° : ó[n] = ○ : é, ó[n] = d in gl. St., 'd° :
é = 'm° : ó[n].

Lat. nn

$$nn = \text{prov. } n.$$

173. 'nn' = 'n' : aná, éna.
174. 'nn° = 'n° : anz, énz = 'gn°, 'nc° (vor s, t+s) : énz =
'mn° : anz = 'm° : énz.
175. 'nn s.a. = 'mn s.a., 'n° s.a. : an, én, = °n° s. a. : an.

---

1) Schwund von n nach r lässt sich nachweisen in jor(-urnum) bei
Folq. de Mars. 6, 20 = dolor, amor(-ðrem), Gauc. Faid. 50 = error(-ðrem),
Raim. de Mir. 45 = blancor(°· ðrem), in jors(-urnos) bei Peirol 8 = amors
(-ðrem+s), in retor(-orno) bei Gauc. Faid. 50 = amor(-ðrem).

Lat. *nj (j = ě, ĭ), ndj (j = ĭ), ng, gn*.
nj, ndj, ng, gn = prov. *nj*.

176. ᵛ*nj*ᵛ=ᵛ*ndj*ᵛ: *énha* =ᵛ*ng*ᵛ: *anha, énha*=ᵛ*gn*ᵛ:*énha*.

Lat. *ng*.
ng = prov. *n*.

177. ᵛ*gn*ᶜ(vor *s*) = *n, nn, m*: in gl. St., ᵛ*nc*ᶜ (vor *s, t*+*s*): *éns*.

Lat. *nc*.
nc = prov. *n*.

178. ᵛ*nc*ᶜ (vor *s* in *cs*=*x; t*+*s*)=ᵛ*n*ᶜ, ᵛ*nn*ᶜ, ᵛ*m*ᶜ, ᵛ*gn*ᶜ:*éns*.

Lat. *r*.
r = prov. *r*.

179. ᵛ*r*ᵛ = ᶜ*r*ᵛ: *ire, ira, ara* = ᶜ*r*ᵃ: *ire* = ∞: *óra, ura*.

180. ᵛ*r*ᶜ = ᶜ*r*ᵛ: *aire* = ᶜ*r*ᶜ: *ièrs* = ᶜ*r*ᵃ: *aire* = ∞: *òrt, órn*,[1] *órs*.

181. ᶜ*r*ᵛ = ∞: *égra, éndre*.

182. ᵛ*r* s.a. = ᵛ*r*ᶜ s.a.: *ór, ièr* = ᶜ*r* s.a.: *ir, ièr, ar* = ᵛ*r*ᵃ:*òr* = ᵛ*rr* s.a.: *ór* = ∞: *ér*.

Lat. *rr*.
rr = prov. *r*.

183. ᵛ*rr* s.a. = ᵛ*r*ᶜ s.a., ᵛ*r* s.a.: *ór*.

Lat. *s*.
s = prov. *s*.

184. ᵛ*s*ᵛ = ᶜ*s*ᵛ: *ausa*.

---

1) Nach Diez (Gr. I_IV 400 Anmkg.) trat in der Endung *órs* zuweilen Verstummung des *r* ein; folgende Bindungen mögen dies zeigen, bei Blacatz 1: *aillos(-orsum)* = *messios*, Mrcbr. 7: *dompneiado(r)s(-*ōres)* = *consiros*, P. Guill. de Tol. 2: *ricors(-*orem+s)* = *messios*, in den anonymen Gedichten 461,114 *valido(r)s(-*ōres)* = *amdos*, 461,193 *honors(-ōres)* = *compagnos*, 461,215 *flors(-orem+s)* = *bos*. — Sogar *rr* konnte vor *s* ausfallen; wir finden bei Bern. de Rov. 3 folgende Verse:
S'ar no vezem tendas e pabalhos
E murs fondre, e cazer autas to(r)s(-urres).

4

185. ˈs⸴. s.a. = ˈs s.a.: és, is = ˈsˢ⸴: és = ᶜsˢ (nach d):
és, ès, (nach c, l)⸴ is, (nach n)⸴⠂ és, is, = ˈss s.a.: és, is, ès =
ˈç s.a.: is.

186. ˈs s.a. = ˈsˢ, ˈss s.a.: ós.
187. ᶜs s.a. = ᶜsˢ: ais, aus, órs.
188. ᶜsˢ =∞: as, iˈers.

s = prov. z.

189. ˈsˢ = ˈcjˈ(j = ï), ˈssˢ⸴⠂ iza = ∞: óza.

190. ᶜsˢ (nach m, n, gn, mn, nn) = ᶜs (nach nc) s.a.: énz
= ᶜt (nach n) + sˢ: anz, énz = ᶜt (nach nc) + sˢ: énz = tj
(nach n) s.a.: anz, énz = ᶜç (nach n) s.a.: énz.

s = prov. ◦⠂

191. ˈsᶜ [1]) (vor j = ï) = ◦: aia.
192. ˈsᶜ (vor j = ï) s.a. = sˢ [1]), ◦: ai.

---

1) In *baia* (=*basiat*), *bai* (=*basio, basiet*). — Bei gleichzeitigem
Gebrauche von Reimen auf *ai* und *ais* finden wir nur *bai*: und zwar als
subst. (obl. sg.) bei Guir d'Esp. 4, P. Raim. de Tol. 1, nur *bais* und zwar:
1) als subst. (obl. sg.) bei Caden. 4, Folq. de Rom. 8, Gauc. Faid. 7,54,
Guill. Adem. 8; 2) als praes: (1. sg. ind.) im Gir. de Ross. 571, (1. sg.
conj.) bei Guill. Adem. 2, (3 sg. ⸴conj.) bei Aim. de Peg. 3, Bern. Marti
1, Guir. de Born. 43. — Beiden Formen begegnen wir bei Raim. de Mir.
und zwar *bais* (1. sg. ind. praes.) 42, *baia* (3. sg. ind. praes)19.

2) Das Adverb *magis* finden wir im Provenzalischen in den Formen
(*mai*) und [*mais*]. Bern. v. Vent. verwendet im Reime nur die erstere,
desgleichen Aim. de Bel. 14,20(4)[6], El. Cair. 3,10(1)[10], dagegen wird
nur *mais* gebraucht von Arn. de Mar. 10,19[-](2,11,22), Guill de Berg. § 29,7;
16[5] (§ 29,7), Guill. de S. Seid. 7:4×[-](6), Jautre Rud. de Blaja 1[-](2),
Mrcbr. 7[-](16,20,25,29,31,32,43), P. Card. 41:2×,48[-]§ 32,3; 9,10,36,42,46,50,
52,58) Perd. 2,10[-](15), Pons de Capd. 7,23[-](18), Rich. de Berb. 1:2×[-]
(8), in d. anonym. Ged.461,42:1×[-], im Gir. de Ross. 433, 547:2×.567,
571:3×,573:2×,586:3×,605 [126](4,58,261,494, 538,641) — *mai* und *mais*
zugleich begegnen wir bei Aim. de Peg. 10(25,44)3:2×,45,46[-], Bern.
Marti 4(-)1[-], Daude de Pradas 9b(-)1[-], Gauc. Faid. 3,11,18(2,44a,5],
63) 7,27: 2×, 29,30a [49,54], Gui d' Uis. 7:3×,17(-)11[-], Guill. Adem. 4,5
(-)2,8:3×,10:2×[7], Guir. de Born. 2,26,34:2×(3,18,19,29,39,48,61,63,65,68,
73,78,81)1,4,8:2×,29,30,83,36,43,46,57,63,73,78[20,37], Guir. de Esp. 14:2×
(4,8)11:2×[-], P. d'Alv. 6,16,23(-)3,12:2×,17[10,16,20], P. Raim. de Tol.
1,20(13)1[6], P. Rog. 6,7(9)2[1], P. Vidal 23(22,38)34[35], Raimb. de Vaq.
29(7,16,32)12,32[-], Raim. de Mir. 33(41)9,12,15,28,42,46,47[-], Serv. de Gir.
13(2,14)14[-], Uc de S. Circ 21,28(1,7,40,41)19,26a, 35[-], in d. Chans. de
la Crois. 63:2×,71(-)22[-].

193. ᵉs ¹) (nach r) s.a. = ⌀ : *ór.*

Lat. *ss.*

ss = prov. *s.*

194. ᵛss s.a. = ᵛsᵉ s.a.: *és, is, ès* = ᵛs s.a.: *és, is, ós*=ᵛsᵃ: *és, ós*=ᶜ s.a.: *ès*=ᶜsᵃ (nach *d*): *és, ès*, (nach *c*, *l*): *is*, (nach *n*): *és, is* = ᵛç s.a.: *is.*

ss = prov. *z.*

195. ᵛssᵛ = ᵛc/ᵛ (*j* = *i*), ᵛsᵛ : *iza.*

Lat. *s+s.*

s + s = prov. *s.*

196. ᵛs+sᵃ = ᵛss s.a.: *és, is, ós* = ᵛsᵉ s.a.: *és, is*=ᵛs s.a.: *és, is, ós* = ᵛsᵃ: *és, ós* = ᶜs (nach *c*) s.a.: *is* = ᶜsᵃ (nach *d*): *és*, (nach *c, l*): *is*, (nach *n*): *és, is, ós*=ᵛç s.a.: *is.*

197. ᶜs+sᵃ = ᶜsᵃ (nach *r*): *órs.*

---

1) Von den Doppelformen (*alhor*) und [*alhors*] (= lat. *aliorsum*) ist bei B. v. Vent. nur *alhor* zu belegen, ebenso bei Alb. de Sest. 13(2,7,8, 9,16)[11] B Carb. 7(1,2,12,20,31,47,51,54,59,64,68,70,76,81,93) [21,28,40,84, 90,92], Caden. 8(2,16,22)[13,15,24], Dalf. d' Alv. 8(-)[6,7], Guill. de Berg. 14(§ 29,7; 9,17,21)[9,17], Guill. de S. Leid. 13:2×(1,4)[10,12], Guir. de Cal. 1,7,9(5,10)[11], Guir. de Sal. 4(-)[3], Mönch v. Mont. 14(1,13)14[-], P. Card. 19(§ 32,3; 4,7,13,17,19,25,31,39,42,43,52,55)[2,10,26,38,42,44,46,59, 65,69], Perd. 8(2,3,5)[1,10], Pons de la Garda 1(-)[7], Raim Jord. 5(1,8) [6], nur *alhors* dagegen finden wir bei Blacass. 1,2[8](3), Bonif. Calvo 8,15[13,24](13), El. de Barj. 9[-](4,6), Gauc. Faid. 5:2×,15,18.27,30,59,61 [-](13,29,31,41,42,49,50,51,57,58,62,63), Guill. de Cabest. 4,8[5](1,2,3), Guill. de la Tor 4[2](2,4,9), Paul. de Mars. 5[2](3,4,6,8), P. d'Alv. 11[9](1,5,10, 14,21), P. Rog. 1[-](2), Peirol 8,12,19[6,18,28](30) — beide Formen finden sich bei Aim. de Bel. 9,15,21(1.10,13,18,20)7[-], Aim. de Peg. 4,7,12,38,17 (1,3,6,11,15,18,19,29,32,33,40,48,49,50) 16,27,39,45,53 [17,30,52], Arn. Dan. 6,16(-)2,4,12[18], Arn. de Mar. 6,26(2,18)16,24[9,17,19,21,23], Daude de Pradas 12(5,9ᵃ,15,18)6[-], Folq. de Mars. 8,24(5,6,7,20,21)2,14:2×[-], Gui d'Uis. 13(2,8,17)6[11], Guill. de Montaig. 9(2,3,4,7)13[1], Guir. de Born. 8,52(3, 13,19,22,37,43,51,61,67,68,72)1,20,40,68,81[5,9,25,29,32,49,60,62,73], Guir. Riq. 24,47,82(4,7,13,17,20,29,31,45,49,53,63,68,79,80,86)74 [6,13,26,39,65,67,70,87], Jaufre Rud. de Blaja 1(-)4[-], P. Vidal 12,21,46(5,13,16,25,29,31,35,37,46, 47)6,11,20[9], Raimb. de Vaq. 13(9,21,23)29[17,24,32], Raim. Mir. 7,15,24 (16,45)2,31[5,25,37].

48

Flexion.

I. Nominalflexion.

198. Das secundäre *s* des *nom. sg.* könnte als fehlend betrachtet werden in *flor* 44,11.

»Que l'iverns me sembla flor = cor(currit), da unser Dichter eine deutliche Nominativform verwandt hat in 15,46. *»Caquel jorns me sembla nadaus«* = *esperitaus* (obl. pl.) Nichts dagegen beweist Bertran de Born 40,5, wo nach Stimming Textverderbniss vorliegt.

199. Nicht nur unserm Dichter, sondern der provenzalischen Sprache überhaupt ist die Vernachlässigung von *s* eigenthümlich in den Redensarten *»m'es parven, m'es semblan.«* Ich unterlasse Belege hierfür anzugeben und citire nur einige Gegenfälle. Wir finden *m'es parvens* bei Guir. Riq. 66, in dem Bittgesuche an *Alfons* X (M. W. 4, 178), *m'es semblans* bei Guir. Riq. 66, in dem Bittgesuche an *Alfons* X (M. W. 4, 169), P. de Buss. 1, P. Guill. de Tol. 1; bei Guir. de Born. lässt sich sowohl *m'es semblan* als *m'es semblans* nachweisen und zwar in d. Ged. 6, - 74.

200. Für *desir* (n. pl.), *conssir, desir*, (Obl. sg.) sollten wir wegen der schweren Consonantengruppe *dr*, *tr* *»desire* u. *conssire«* erwarten. (vgl. hierzu dieselben Worte in der Reimreihe *ire.*).

201. In Verbindung mit *esser* zeigt das Adj. in neutraler Geltung kein flexivisches *s*, vgl. *acostumat* 32,36. *avinen* 10,34. *desvinen* 2,29. *gen* 15,35. *plazen* 3,22. *escarit* 27,15. *ver* 21,24.

202. Neben dem Adv. *voluntier* begegnen wir bei Bern. v. Vent. auch *voluntiers*; ebenfalls beide Formen gebrauchen im Reime Bertol. Zorgi 17,—5, Daude de Pradas 5, - 3, Peirol 27,—21; doch finden wir bei unserm Dichter nur auf -*en* ausgehende Adverbia, während solche auf -*en* und -*enz(ens)* sonst häufig anzutreffen sind, so finden wir bei Arn. de Mar. *finamen* 4,—z 12, Bonif. Calvo *breumen* 16, - z 9, Daude de Pradas *leialmen* 15,—z 2, Folq. de Mars. *eissamen* 1,—z 23, *finamen* 5,—z 23, Gauc. Faid. *doussamen* 12,—z 57, *humilmen* 56,—z 57, *leialmen* 32,—z 57,

Guill. de Berg. *eissamen* § 29,7; — z 9, Guill. de Montaig. *malamen* 12,—z 13, Guir. de Born. *humilmen* 56,—z 60, Guir. Riq. *breumen* 16,—z 14, *coralmen* 34, *decaralmens* 67, Sordel *coralmen* 12,—z 2, *eissamen* 29,—z 13.

II. Verbalflexion.

Für die erste und dritte Person sing. praes. lassen sich durch die Reime einige Doppelformen constatiren.

203. Für die 1. pers. sing. ind. praes., welche im Provenzalischen kein flexivisches *e* zeigt, finden wir in der Reimreihe *ire* folgende Formen mit *e: aire* 27,22. 35,31. *mire* 25,57. *remire* 27,32. 35,19. vgl. hierzu als Gegenfall in der Reimreihe *ir* »*sospir*« 9,37; dagegen sollten wir nach den Regeln der Lautlehre in *cossir* und *desir* wegen der schweren Consonantengruppe *dr* ein *e* erwarten, vgl. zu *cossir* 13,22. 38,25 und *desir* 38,15 als Gegenfälle dieselben Worte in der Reimreihe *ire*.

204. Die 3. pers. sing. ind. praes. der a Conjug., welche den Lautgesetzen gemäss auf *a* endigen muss, lässt sich nachweisen mit auslautendem *e* in *vire* 30,1.

»Lo temps vai e ven e vire«.

205. Besondere Formen sind: *estau* 1 pers. sing. ind. praes. 13,39. *estai* 3 pers. sing. praes. 36,15.

206. Statt *vire*, 1. u. 3. pers. sing. conj. praes. finden wir: *vir* 13,10 und 1,23; die wegen der schweren Consonantengruppe *br* lautlich richtige Form *vire* vgl. in d. Reimreihe *ire*.

207. Für die 3. pers. sing. conj. praes. begegnen wir: *azir* st. *azire* in 14,15.

»*Nos taing qhom ab amor sazir*«, vgl. hierzu als Gegenfall *mire* 12,16.

208. Als Doppelformen für die 1. u. 3. pers. sing. conj. praes. zugleich sind zu nennen *(prenda)* und [*prenha*] mit ihren Compositis. Gleichfalls beide Formen sind im Reime nachzuweisen bei Alb. de Sest. 12(-)14[-], P. Card. 10,27,38,43,61(-) 26[-]2,15], dagegen gebrauchen nur die erstere B. d. B. 35(-) [26], Blacass. 10(-)[8], Bonif. Calvo 2(-)[2], Caden. 17(-)[13,24],

Guir. Riq. 6,32,65(15)[26,40,64,78,88], Peirol 12,18,27,31(-)[3,12, 26], Ralm. Bist d'Arle 2(-)[3], während nur *prenha* sich nachweisen lässt bei Uc Brun. 5[-](5), Raimb.' de Vaq. 16[-](32). — 209. Besondere Formen sind: *estey* 3 pers. sing. conj. praes. 24,39 *esteia* : sing. conj. praes: 1. pers. 42,38, 3. pers. 29,33 42,54. 210. Für das part. praet. von *conquerre* gebraucht Bern. v. Vent. *(conquis)* und [*conques*]; *conquis* erklärt sich durch Uebertritt zur *i* Conjug., während *conques* als Analogiebildung zu *mes(=missum)* aufzufassen ist. Beide Formen sind gleichfalls zu belegen bei Aim. de Peg. 45(18)12,28,33,46[6,16,26,30,41,44,45,49,51] Arn. de Mar. 8,11 (7,9)6,13,26[11], Caden. 5:2×(-)23[10], Daude de Pradas 17(-) 2[4,9*,18] Gauc. Faid. 2,9:2×,20*,40,57(13,50)6,11,22,63[4,40,43, 46,59] Guir. de Born. 13,28 (3,54,58,76)27[3,4,7,16,19,24,31,33, 34,40,50,54,58,61,68,76], Palais 2(-)4[1], P. Milo 1,9(-)7[-], P. Rog. 3(6,9)4[9], P. Vidal 33:2×(27)8,21,30:2×,39:2×,47[14,27, 31,35], Raimb. d'Aur. 11(16)28[-], in d. Chons. d. l. Crois. 21, 36(38,85,129)50,57,149,171,202:2×,210[13,61,89,136], im Gir. de Ross. 128,191,432(27,56,127,147,165,194,203,220,279,282,292,310, 396,437,521,537,543,546,581,599,608,647)565[115,118,232,309,311, 318,323,341,392,441,457,484,505,631,646]; dagegen begegnen wir: nur *conquis* bei Folq. de Mars. 12,23(-)[14] Gaucelm 5(-)[1], Guill. de Cabest. 8(5,7)[5], Guiraudo lo Ros 3(-)[7,8] P. d'Alv. 3,10*,13,15(7,11)[11,16,21], Peirol 9(31)[13,16,20,26,32,34]; nur *conques* bei B. d'Alam. 12,21[10,15](15) B. d. B. 22,32[34,41, 45](8,19), Bonif. Calvo 6[7,11,12,16](2,17), Folq. de Rom. 6 [Conj., 5] (Conj.), Gausb. de Poic. 1[-](13) P. Card. 8:2×,59 [1,3,5,6,10,12,42,43,46,50,57,70](§ 23,3; 10,20,41,43,44,63),Raimb. de Vaq. 10,19,20,28[30,31,32](11).

Abkürzungen.

<table>
<tr><td>˳, im Auslaut.</td><td>= gebunden mit.</td></tr>
<tr><td>. s.a., im secundären Auslaut.</td><td>: in der Reimreihe.</td></tr>
<tr><td>ᵛ, vor Vocal.</td><td>ahd. althochdeutsch.</td></tr>
<tr><td>ᶜ, vor einfacher Consonanz.</td><td>altnord. altnordisch.</td></tr>
<tr><td>ᶜᶜ, vor complicirter Consonanz.</td><td>germ. germanisch.</td></tr>
<tr><td>ᵛ ., nach Vocal.</td><td>goth. gothisch.</td></tr>
<tr><td>ᶜ ., nach Consonanz.</td><td>s. siehe.</td></tr>
<tr><td>ᵛ ᵛ, zwischen Vocalen.</td><td>S. Seite.</td></tr>
<tr><td>ᵛ ᶜ, zwischen Vocal u. Consonanz.</td><td></td></tr>
<tr><td>ᶜ ᵛ, zwischen Consonanz u. Vocal.</td><td></td></tr>
<tr><td>ᶜ ᶜ, zwischen Consonanten.</td><td></td></tr>
</table>

Berichtigungen.

S. 7 Sp. 2 Z. 3 v. u. l. **M**). **44** st. **M**), **44** — ib. Z. 2 v. u. l. **1,45** st.
1. **45** — S. 12 Sp. 2 Z. 5 v. u. l. **finamen** st. **finamem** — S. 13 Sp. 1 Z.
6. v. u. **pensamen** st. **pensamem** — S. 23 Anm. 2) Z. 5 l. **B. d. B. 21**:
2×, 27, 35 : 3× — S. 25 Anm. 1. Z. 12 v. u. füge ein: **67**, — S. 31 Nr.
44 l. **u = prov. òi....: òia** — S. 32 Nr. 48 l. **au = prov. ò. auᶜ¹) = ŏᶜ : òr**
— ib. Nr. 49 l. **òi...òia** st. **ói...óia** — S. 33 Nr. 61 l. **i, o, u = ○ : òr = ∞ :
ais, uoill** — S. 34 Nr. 72 l. **(*alium)** — ib. Nr. 75 l. **uoilla** — S. 37 Nr.
101 Z. 2 l. **òia** — ib. Z. 4. l. **ór, òr** — ib. Z. 7. l. **uoilla** — ib. Z. 8 l. **ór,
ór** — S. 38 Nr. 110 l. **an, égra¹)** — S. 39 Nr. 119. l. **ièr.**

www.ingramcontent.com/pod-product-compliance
Lightning Source LLC
Chambersburg PA
CBHW021643270326
41931CB00008B/1142